Paul White

Dschungeldoktor auf Großwildjagd

clv

Christliche
Literatur-Verbreitung e. V.
Postfach 11 01 35 · 33661 Bielefeld

1. Auflage 2011 (CLV)

Originaltitel: Jungle Doctor Hunts Big Game
Originalverlag: The Paternoster Press, London
Die deutsche Ausgabe erschien erstmals 1970
im R. Brockhaus Verlag Wuppertal

Postfach 11 01 35 · 33661 Bielefeld
Internet: www.clv.de

Umschlag: typtop, Andreas Fett, Meinerzhagen
Satz: CLV
Druck und Bindung: CPI – Ebner & Spiegel, Ulm

ISBN 978-3-86699-117-0

Inhalt

Einladung zur Jagd

Auf meinem Schreibtisch lag ein Stapel Briefe. Beim flüchtigen Durchsehen der Absender fiel mir einer vor die Füße. Auf dem Umschlag war ein Nashorn in Angriffsstellung abgebildet. Ich riss ihn auf und las:

»Lieber Doktor,
möchten Sie sich vier Wochen lang als Arzt und zugleich als Jäger betätigen? Ich bin überzeugt, dass Sie mal eine Erholungspause einlegen müssen – und mein Klient, ein begeisterter Kameramann aus Arizona (USA), hat so ein Vorgefühl, als wenn wir unterwegs einen Arzt brauchen könnten.

Er sieht unwahrscheinlich gesund aus und ist erstaunlich gut ausgerüstet. Antworten Sie bald

Ihrem …«

Es folgte die Unterschrift von Oberst Johnson, einem berühmten, im ganzen Land bekannten Großwildjäger. Dann kam eine Nachschrift:

»Dieser Mann zieht die ungewöhnlichsten Situationen geradezu magnetisch an.«

Ich faltete den Brief langsam zusammen und riss einen zweiten auf. Er enthielt die Bitte, nach Ablauf eines Monats ein mitten im Großwildrevier gelegenes Krankenhaus zu besuchen.

Das passte ja alles genau ineinander. Ich hatte einen herrlichen Urlaub vor mir – eine gut bezahlte

Safari, deren Ertrag dem Bestand an Instrumenten und Medikamenten unseres Krankenhauses zugutekommen würde.

Das schön gefleckte Leopardenfell lag sauber ausgebreitet in Simbas Hütte. Mboga saß darauf, betrachtete es bewundernd und zupfte nachdenklich sein Saiteninstrument, eine *ilimba*.

»Buana«, sagte er plötzlich und stand auf, »du verstehst doch etwas von meinen Knochen.«

Ich sah ihn erstaunt an. »Von deinen Knochen?«

»*Ndio*, ja, Buana. Sie sagen mir, dass eine große Freude auf mich wartet, und sie haben fast immer recht.«

»Das scheint mir auch so. Hör dir mal diesen Brief an.« Ich las ihn ihm vor, und dann las ich ihn noch einmal für Simba, der gerade hinzukam.

»*Yoh*«, sagte Mboga, »das ist ja eine ganz tolle Sache. Wenn nur ...«

»Mboga, du kommst für mindestens sechs Wochen mit auf Safari, und zwar in der Serengeti.«

Er blickte mich ängstlich an. »Oh, Buana, da sind furchtbar viele Tiere, Löwen, Nashörner und Leoparden, *heh!*« Er rollte die Augen. »Es ist eine ganz gefährliche Gegend, und *kumbe*, ich bin nur der arme Mboga. Du weißt ja, mein Name bedeutet ›Spinat‹. *Heh*, ich habe keine Lust, von wilden Tieren gefressen zu werden.«

»*Koh*«, lachte Simba, »fressen Löwen Spinat? Würzen Leoparden ihre Mahlzeiten mit Gemüse? *Heh!*«

Mboga grinste. »Du musst aber jemanden mitnehmen, Buana, der gut auf dich aufpasst.«

»Natürlich! Auf einer solchen Safari kann allerhand passieren. Es ist aber ein ganz großer Könner mit seinem Gewehr dabei, und dann noch ein Mann aus dem Land Amerika. Der macht Filme. Er will die Tiere des Urwalds filmen. Je näher er an sie herankommt, umso besser werden seine Bilder, und umso größer wird dann seine Freude.«

»*Hongo*, es muss ja eine Wonne für die Augen sein, solche Bilder zu sehen! Ich könnte vielleicht auch ein paar Tiere fangen; du weißt ja, dass ich mich auf die Fallen verstehe, Buana.«

Das stimmte – erst vor wenigen Tagen hatte Mboga einen Leoparden in seiner Falle gehabt.

»Das haben wir gemerkt«, sagte ich und sah auf das Fell.

Simba trat unruhig von einem Bein auf das andere. »Buana, meinst du, der große Jäger könnte auch Arbeit für meinen Speer haben?« Seine Augen glühten vor Eifer.

»Das ist schon möglich, Simba, ich …«

»Ja, Buana, sprich mit ihm. Du wirst schon die richtigen Worte finden.«

Ich hatte im Krankenhaus eine große Kiste vor mir stehen, und auf dem Tisch lagen alle möglichen Arzneien, Binden und Medikamente, auch Chinin zur Bekämpfung der Malaria; ferner Pillen und Ampullen mit Mitteln gegen tropische Darminfektionen, besondere Arsenpräparate gegen die Schlafkrankheit,

Antibiotika usw. – eine regelrechte kleine Apotheke, dazu die notwendigsten chirurgischen Instrumente, Betäubungsmittel, Injektionsspritzen und ein Sterilisiergerät.

Am nächsten Morgen in aller Frühe erschien Suliman, der indische Händler, mit seinem Wagen vor dem Krankenhaus. Das gesamte Personal erschien, um Mboga, Simba und mir Lebewohl zu sagen. Der Inder überwachte das Einladen des Gepäcks, und bald fuhren wir, den Zurückbleibenden zuwinkend, ab.

Zuerst ging es durch das Affenbrotbaumgehölz, dann überquerten wir an einer seichten Stelle den Fluss, und dann ging's in mühseliger Fahrt durch dichtes Dorngebüsch in Richtung Dodoma, dem größten Ort in Zentral-Tanganjika. Dort fand ich einen Brief vor, in dem ich gebeten wurde, am nächsten Morgen um sieben Uhr am Bahnhof zu sein.

In der Nacht herrschte auf den Gleisen der Tanganjika-Eisenbahn ein reger Rangierbetrieb, und es wirkte geradezu unheimlich, zwischen dem Pfeifen der Lokomotiven das Heulen einer an den Müllkästen der Stadt umherstreunenden Hyäne zu hören. Die Vögel begannen gerade ihr Morgenlied anzustimmen, als Simba an meine Tür klopfte.

Ich sprang auf und öffnete. Neben ihm stand Mboga in einem leuchtend roten Hemd. »*Wera,* Buana, es wird schon Morgen. Alles ist fertig für die Safari, und ich bereite gerade ein ordentliches Frühstück zu.«

Er hatte nicht zu viel versprochen. Ich war noch nicht fertig mit dem reichlichen Mahl, da näherten sich vier afrikanische Mädchen, blieben unter einem Tamarindenbaum stehen und fingen an zu kichern.

»*Hongo*, Mboga, wer sind denn die?«

»Buana, das sind die Töchter meines Verwandten; er heißt Barinje. Wir haben ja Kisten bei uns, die getragen werden müssen. Und, Buana, wer kann besser Kisten tragen als Frauen? Wenn man sie mit den Händen tragen will, ist das sehr lästig; nimmt man eine von dieser Größe auf die Schulter, bekommt man Blasen. Eine Frau trägt sie einfach auf dem Kopf, und das geht sehr bequem.«

Als ich nun sah, wie besonders eine der Kisten, auf die ein großes rotes Kreuz gemalt war, mit elegantem Schwung auf den glatt rasierten Kopf eines der schlanken Mädchen gehoben wurde, packte mich doch ein leiser Schreck; sie enthielt nämlich die zerbrechlichen Instrumente, außerdem ein Mikroskop und die wichtigsten Medikamente. Das Mädchen balancierte sie einen Augenblick auf dem Kopf zurecht und schritt dann schnell und sicher die Straße hinunter zum Bahnhof, wo wir Oberst Johnson und den Amerikaner treffen sollten.

Bei unserer Ankunft vor dem zweistöckigen, weiß gekalkten Bahnhofsgebäude, das fast genau die Mitte der gesamten Eisenbahnstrecke zwischen dem Indischen Ozean und den großen Seen darstellt, ließ der afrikanische Lokführer wieder die Dampfpfeife ertönen.

Unsere Lasten waren gerade vorsichtig im Schatten aufgestapelt worden, als ein Jeep vorfuhr. Ihm entstieg der »Große Jäger«, der wegen seiner genauen Kenntnis der auf den Hochebenen von Tanganjika in riesigen Scharen lebenden Tiere und für unfehlbare Treffsicherheit mit dem Gewehr jedem im Land bekannt war.

Er reichte mir die Hand. »Guten Morgen, Doktor. Alles klar? Gut! Wir haben einen Jeep, einen großen Dreitonner und außerdem einen Halbtonner mit dem gesamten fotografischen Gerät. In dem Jeep werde ich mit dem Amerikaner vorausfahren. Er kennt nichts anderes als Fotografieren und Filmen. Sie haben in Ihrem ganzen Leben noch nicht so viel fotografisches Zubehör gesehen! Das wird eine interessante und aufregende Safari werden. – Steigen Sie ein. Ich werde Sie zum Abstellplatz der Lastwagen bringen; dann können Sie zurückfahren und Ihr Gepäck aufladen.«

Ich fuhr mit ihm und ließ Mboga als Wächter zurück. Unterwegs fragte ich meinen Begleiter: »Nehmen Sie viele Afrikaner mit?«

»Weniger als sonst; nur Kali, meinen Gewehrträger – ein unübertrefflicher Junge, der geradezu einen sechsten Sinn für Tiere hat – und dann Tembo, meinen Koch.«

Bald hielten wir vor einem etwas außerhalb der Stadt gelegenen Haus. »Das ist er übrigens.«

Ich sah einen schmächtigen Mann mit einem Gesicht, auf dem ein ewiges Lächeln zu stehen schien. Hinter ihm stand ein sehr vornehm herausgeputzter Afrikaner mit einer kleinen weißen Kappe, die im Allgemeinen den Muslim verrät. Er war in ein sorgfältig gebügeltes weites weißes Gewand, den *kanzu*, gekleidet.

»Ich wünschte, ich hätte einen zuverlässigen zweiten Fahrer«, sagte der Oberst. »Die sind schwer zu bekommen.«

»Vielleicht könnte ich einen finden?«

»Ja, versuchen Sie es.«

Vor der Tür war eine Menge fotografisches Gerät aufgestapelt, alles tropenfest verpackt. Daneben stand ein langer Amerikaner mit einer Mütze, wie sie die Baseballspieler tragen.

»Darf ich Sie mit dem Gegenstand unserer gemeinsamen Verantwortung, Herrn William Bailey, bekannt machen?«, sagte der Oberst mit einem freundlichen Lächeln.

Bailey drückte mir fest die Hand. »Freut mich, Sie kennenzulernen, Doktor. Es ist doch gut, wenn ein Arzt dabei ist. Aber hoffentlich bekommen Sie nichts zu tun.«

In diesen Wunsch stimmte ich von Herzen ein. Der Oberst führte mich zu dem Dreitonner, der die gesamte Zeltausrüstung und den Vorrat an Lebensmitteln enthielt. Es war gerade noch genügend Platz für mein Gepäck da. Ich sah Simba im Hintergrund stehen und winkte ihn heran.

»Oberst Johnson, hier ist ein Mann, für den ich mich als zuverlässigen Fahrer und Helfer in jeder unangenehmen Situation verbürge.«

»So stellen Sie ihn als Ihren Ersatzfahrer ein, Doktor.«

Simbas freudiges Grinsen ersparte mir die Mühe des Übersetzens.

»Wir werden in folgender Ordnung fahren: zuerst der Jeep, in der Mitte der Halbtonner, und Sie folgen in dem schweren Laster. Wir kampieren zunächst am jenseitigen Rand des Tsetsefliegen-Gürtels. Von dort sind es noch etwa vierhundert Kilometer bis zu dem Krater, wo wir unser Hauptquartier aufschlagen werden. Dort werden wir alle Einzelheiten unserer Safari genau festlegen.«

Ich nickte zustimmend und überprüfte gerade Reifendruck, Öl- und Wasserstand des Lasters, als ich sah, wie der lange Amerikaner in den Werkzeugkasten griff, der auf dem Wagen stand.

»Vorsichtig!«, rief ich. »Man kann nie wissen, ob ...«

Er fuhr zurück wie eine gespannte Stahlfeder, sprang schreiend in die Höhe und schlenkerte heftig mit der Hand. Das Unternehmen hatte noch nicht begonnen, und schon hatten wir den ersten Unfall! Ich ging zu ihm hin.

»Ich bin gestochen worden!«, schrie er. »Au, tut das weh!«

In diesem Augenblick sah ich Mboga und die vier Mädchen, jedes ein Gepäckstück auf dem Kopf tragend, im Gänsemarsch ankommen.

»Den Medizinkasten, schnell!«

Im Handumdrehen war der Kasten geöffnet, und eine schmerzstillende Salbe wurde in die winzige Einstichstelle gerieben.

»Rollen Sie den Hemdsärmel hoch, Herr Bailey, Sie müssen eine Morphiumspritze bekommen.«

Als ich die Injektionsspritze gefüllt hatte und die Einstichstelle desinfizierte, trat Simba heran; zwischen den Schenkeln einer meiner besten Arterienklemmen hielt er einen mittelgroßen Skorpion.

Aufbruch zur Safari

Mboga und Simba saßen neben mir im Führerhaus des Dreitonners, als wir aus Dodoma hinausfuhren. Der Jeep und der Halbtonner mit dem fotografischen Gerät, die vor uns fuhren, wirbelten eine lange Staubwolke auf, und so hielten wir Abstand.

Meilenweit zog sich vor uns zu beiden Seiten des Weges dichtes Dorngebüsch hin. Wir überquerten ein ausgetrocknetes Flussbett, und dann schlängelte sich der Weg aufwärts, zwischen schlanken, grünen Bäumen hindurch.

»*Koh*«, kam Simbas tiefe Stimme, »das ist ja ein Leckerbissen für die Augen.« Er zeigte nach oben. »Buana, schau!«

Sieben große Vögel flogen, laute Schreie ausstoßend, mit seltsam kurzen Flügeln über uns her.

»Nashornvögel«, sagte Simba. »Wir nennen sie *chilimuwaa*.«

»Buana, sieh dir nur die Schnäbel an!«, rief Mboga lachend. »*Kah*, sie sehen aus wie die Nase Ibrahims, des piekfeinen Dieners des langen Buana.«

Unter einer Gruppe von Bäumen mit breit ausladenden Kronen hatten die beiden vorausfahrenden Wagen haltgemacht, und auch wir hielten an und stiegen aus. Ein kleines Frühstück im Freien wurde vorbereitet, und ich ging zu Bailey hinüber.

»Was macht der Stich?«

Er zeigte mir den Finger. »Ein bisschen geschwollen, aber keine Schmerzen. Ein gutes Mittel, das Sie da haben, Doktor.«

»Ich bin immer auf Insektenstiche aller Art vorbereitet. Die schlimmste Gefahr droht ja nicht von den großen Tieren, sondern von den Insekten. Man nennt sie hier *dudus*.«

Oberst Johnson bestätigte meine Worte durch bedächtiges Kopfnicken. Dabei spielte die Sonne in dem Band aus Leopardenfell, das er um seinen breitkrempigen Hut trug.

»In einer Stunde kommen wir durch ein Gelände, das ein Beweis für die Wahrheit Ihrer Worte ist. Es ist ein großes Unternehmen im Gange, die Tsetsefliege in einem bestimmten Gebiet zu isolieren. Die Regierung lässt mit Planierungstraktoren große, fünf Kilometer breite Lichtungen quer durch den Urwald roden. Wir werden nachher an eine Kontrollstation kommen – das wird Sie interessieren.«

Bailey zog die Augenbrauen hoch. »Diese Fliegen bringen die Schlafkrankheit?«

»Nicht jede muss unbedingt ihr Träger sein, aber jede kann es sein.«

Mboga brachte den inzwischen zubereiteten Tee und Kleingebäck.

Der Oberst fuhr fort: »Wir fahren durch diesen Tsetsefliegen-Gürtel und kommen dann auf einem Weg, der uns durch hügeliges Gelände führt, in die Großen Ebenen. An einer Stelle, von der aus man den Kilimandscharo sieht, biegen wir nach links ab und kommen an einen ungeheuren Krater, eine ganz fantastische Gegend, und dort finden Sie alles, was Sie sich an Tieren überhaupt wünschen können.«

Der Kameramann wiegte langsam den Kopf und schlürfte dann seinen Tee. »Bin riesig gespannt«, sagte er.

Alsbald ging's für zwei Stunden weiter auf der staubigen Kap-Kairo-Straße. Wir mussten scharf bremsen, als die beiden vor uns fahrenden Wagen plötzlich in einer dichten Staubwolke unmittelbar vor uns auftauchten. Am Straßenrand stand ein Schild: »Tsetsefliegen-Kontrollstation«.

Die Straße gabelte sich: nach rechts lief sie in einen riesigen Wellblechschuppen hinein, geradeaus führte sie durch eine Sperre, deren Schlagbaum jedoch senkrecht stand, uns also die Durchfahrt freigab, und so fuhren wir geradeaus in den Tsetsefliegen-Gürtel hinein.

»Punghati!« Simba spuckte durch das offene Fenster in Richtung Wellblechschuppen. »Hast du schon einmal in einem von diesen Schuppen geschwitzt, Buana?«

»Nein, aber nachher, wenn wir den Gürtel verlassen, werden wir es wohl müssen.«

Die Erde war von der sengenden Sonne braun gebrannt. Hier und da wuchs dichtes Dorngestrüpp. Sechs Strauße liefen quer vor uns her in eine kleine Schlucht hinein, deren Ränder mit höheren Dornensträuchern bestanden waren. Vier riesige Giraffen standen am Straßenrand und blickten uns nach. Ich lächelte dem Fotografen zu, der sich gestikulierend aus dem vor uns fahrenden Jeep hinauslehnte, um Aufnahmen zu machen.

»*Kah*«, sagte Mboga, »Buana Kodaki« – so nannte Mboga Mr. Bailey – »wird viel Freude auf seiner Safari haben. Um diese Zeit ziehen die Tiere in langen Zügen zum Wasser hin, und wir werden sie alle zu sehen bekommen.«

Wie um seine Worte zu bestätigen, tauchte vor uns eine Herde Zebras auf. Die Tiere peitschten wie wild mit ihren Schwänzen, um sich der unzähligen Fliegen zu erwehren. Simba zählte laut in seiner Muttersprache.

»Vierzig, Buana, *heeh!* Es sind sicher noch viel mehr hier in der Nähe.«

Wir fuhren einen ziemlich steilen Hügel hinauf, und dann fiel der Weg in Kurven hinab zu einem Grünstreifen entlang einem Flussbett, in dem aber in dieser Jahreszeit nur einzelne Wassertümpel standen. Ein glänzend blaugrün schillernder Eisvogel schoss zwischen den Bäumen hindurch, unter denen die Kolonne wieder haltmachte.

Die Mütze schief auf dem Kopf, stellte Bailey ein Stativ auf und filmte die in herrlichen Farben leuchtenden Schmetterlinge, die in Scharen lautlos umhergaukelten.

Ich hatte einen Zweig abgebrochen und benutzte ihn als Fliegenwedel. Der Oberst, der dasselbe getan hatte, sah mich lächelnd an. »Unser Freund scheint die Warnung vor den Tsetsefliegen nicht sonderlich ernst zu nehmen. Wir müssen auf ihn aufpassen.«

Baileys ganze Aufmerksamkeit galt seiner Kamera. Plötzlich hörte sie auf zu surren; er schlug sich mit der Hand ins Genick und stieß einen Schmerzensschrei aus.

»*Mbungo,* Tsetsefliege«, stellte der Gewehrträger Kali breit grinsend fest. Mboga hielt die Hand vor den Mund, um nicht laut aufzulachen. Im nächsten Augenblick jedoch fasste auch er sich an den Hals. Einige Sekunden später wimmelte es in der Luft von Tsetsefliegen.

»Sofort in die Fahrzeuge!«, befahl der Oberst. Beim Weiterfahren wedelte Mboga im geschlossenen Führersitz emsig mit einem Zweig. »Oh, Buana, diese *dudus* können aber heftig beißen!«

»Allerdings, und die Krankheit, die sie übertragen, ist auch nicht von Pappe, mein lieber ›Spinat‹. Du musst mir sofort sagen, wenn dein Nacken anschwillt.«

Wir fuhren weiter zwischen niedrigen Hügeln, wo Wasser und Sonne seltsame Furchen in den Boden gerissen hatten, und dann durch ein versandetes Flussbett einen steilen Hang hinauf. Oben wurde haltgemacht, um das Lager für die Nacht aufzuschlagen. In den Bäumen saßen Scharen grauer Affen, die uns ängstlich beobachteten und sich in ihrer Sprache schnatternd und zeternd über uns unterhielten.

Als die Dunkelheit hereingebrochen war und die Sturmlaternen angezündet wurden, erwachten auch die Stimmen der Urwaldvögel, und aus der Ferne trug die Abendluft Trommelschläge und Gesang herüber.

Simba stand und lauschte. »Das sind sicher Leute

von unserem Stamm; ich kenne die Lieder, die sie singen.«

Mboga nickte. »Buana, unter ihnen werden auch einige sein, denen wir schon geholfen haben. Aus dieser Gegend kommen viele in unser Krankenhaus.«

»Nach dem Abendessen«, sagte ich, »wollen wir hingehen und sie begrüßen.«

Von der Feuerstelle kamen schon liebliche Düfte.

»Doktor«, fragte Bailey, »wie wär's mit etwas Medizin? Es brennt in diesen Fliegenstichen!«

Ich holte die Tube aus dem Kasten und strich Salbe auf drei brennend rote Flecken. »Wird's so besser, Herr Bailey?«

»Ja, aber nennen Sie mich einfach Bill; das ist kürzer, und Sie nenne ich nach unserer amerikanischen Sitte nur noch Doc.«

Er strich vorsichtig mit der Hand über die schmerzenden Stellen und sah mich lange an. »Sagen Sie mal, Doc, was für einen komischen Namen haben Ihre Leute da für mich?«

»Mboga hat ihn erfunden. Sie sind für sie der ›Buana Kodaki‹.«

»Ein ganz ordentlicher Name. Aber erzählen Sie mir etwas von den Tsetsefliegen. Wie merkt man, ob man angesteckt ist?«

»Unter dem Mikroskop kann man es feststellen, wenn man ein Tröpfchen Blut genau untersucht, denn die Parasiten vermehren sich im Blutstrom ziemlich schnell. Zunächst einmal schwellen die Nackendrüsen an. Nach etwa drei Wochen stellt sich Fieber ein, Kopfschmerzen und Schwindel treten auf, genau wie bei der Influenza. Dann folgen Lähmungserscheinungen und andere schwere Komplikationen. Aber machen Sie sich keine Sorgen; eine Injektionsspritze und eine Ampulle mit dem richtigen Medikament machen die Trypanosomen unschädlich.«

»Sie brauchen mir gar keine Spritze zu geben, Doc. Bill verfügt über eine erstaunliche Gesundheit – nur dass er in seiner Heimatstadt absolut unerreicht im Niesen ist, wenn er in die Nähe von Sardinen, Wiesenlieschgras und Pferden kommt.«

»Wir werden nachher ins Dorf gehen. Kommen Sie dann doch mit und probieren Sie Ihre Nase mal an den hiesigen Gräsern und Eiweißstoffen aus.«

»Mach ich! Und, was ich sagen wollte: Haben die Leute hier schon mal einen Film gesehen?«

»Die Leute im Dorf? Das ist sehr unwahrscheinlich. Ich habe allerdings einen Schmalfilmprojektor mitgebracht und wollte ihnen eine auf afrikanische Verhältnisse zugeschnittene Fassung von Bunyans ›Pilgerreise‹ vorführen.«

»Fein. Dann zeigen wir ihnen zuerst einen Trickfilm von Walt Disney. Ich habe einen sehr netten.«

Mboga stand im Schatten eines Baumes, zupfte seine *ilimba* und sang leise dazu. Er und Bill hatten noch kein Wort miteinander gesprochen, verstanden sich aber doch anscheinend recht gut.

»Wie heißt der Junge eigentlich, Doc?«

»Er heißt Mboga – oder, wenn Sie es übersetzt haben wollen: ›Spinat‹!«

Bill schlug sich auf den Oberschenkel. »Gut! Spiel und sing das doch noch mal, ›Spinat‹! Sein Klimpern erinnert mich an die Spieluhr meiner Großmutter, Doc. Er scheint ein ganz musikalisches Gemüse zu sein.«

Mboga schien den Sinn der Worte Baileys erraten zu haben. Er wiederholte das Lieblingslied seines Stammes, und auf einmal begann Bill, mit viel Einfühlungsvermögen die zweite Stimme zu der afrikanischen Weise zu pfeifen.

Mboga strahlte. »*Yali fundi kabisa,* Buana!«

Der Amerikaner sah mich fragend an.

»Er sagt, Sie seien ein großer Künstler, Bill.«

Und dann sprudelte Mboga einen ganzen Wortschwall heraus, den ich übersetzte. »Sollen wir das nicht auch heute Abend machen, wenn wir ins Dorf hinübergehen? Die Bewohner werden große Freude haben, wenn sie einen so süßen Schmaus für ihre Ohren bekommen.«

»Das dürfte aber wohl ein zweifelhafter Genuss sein«, kicherte der Kameramann. »Fragen Sie ihn, ob er heute Abend einen Film sehen möchte.«

Mbogas Augen weiteten sich vor Freude, und seine Lippen formten ein einziges Wort – »Prächtig!« Wir lachten laut los.

Als ich dem Oberst von dem Plan erzählte, meinte er: »Kali soll aber mitgehen; es scheinen nämlich mehr Leoparden in der Gegend zu sein als sonst.«

Die Pilgerreise

Nach dem Abendessen nahm Mboga einen Akku, den wir aus dem Jeep ausgebaut hatten, auf die Schulter, Simba ergriff den Koffer mit dem Filmprojektor, und geführt von Kali, der sein Gewehr geschultert hatte und eine starke Taschenlampe bei sich trug, machten wir uns auf den Weg ins Dorf. Das hohe Gras war feucht vom Abendtau, und in der Ferne leuchteten die Feuer schwach durch die Dunkelheit.

Ganz unerwartet und erstaunlich nah erscholl das widerliche Lachen einer Hyäne.

»Oooh! Das war ja ganz in der Nähe!« Bailey, der auf Schritt und Tritt eine seiner geliebten Kameras bei sich trug, hob sie vors Gesicht, bereit zu einer Blitzlichtaufnahme.

Kali schüttelte den Kopf. »Nein, Buana, die Stimme der Hyäne täuscht, sie ist viele Meter von uns weg.«

Plötzlich waren wir im dichtesten Urwald. Kali schaltete die Taschenlampe aus, sodass schwärzeste Dunkelheit herrschte. »*Heh,* Buana, so hab ich's gerne; jetzt können Sie der Stimme des Urwalds lauschen!«

Wir gingen schweigend weiter, und nach etwa einer Stunde sahen wir das Lagerfeuer durch die Bäume schimmern. Vor ihm zeichneten sich die Silhouetten sitzender Gestalten ab.

Einer sprang auf und stieß den Alarmruf aus, aber ich rief ihnen in ihrer Sprache zu:

»*Ali zosweru wenyu* – Guten Abend!«

Einige Männer kamen langsam auf uns zu.

»*Kah!*«, sagte einer. »Buana, wir kennen dich.«

»*Eh-heh*«, antwortete Mboga, »und wir kennen euch.«

»Das ist doch der Buana aus dem Krankenhaus!« Ein alter Mann kam auf mich zu und ergriff meine beiden Hände. »Buana, ich habe große Freude, dich zu sehen. *Kah,* hast du mir nicht die Medizin gegeben gegen das Übel, das ihr ›die Schlafkrankheit‹ nennt?«

Ich übersetzte, und Bill wandte sich an den Alten. »Sag mal, Großvater, was hast du denn damals gespürt?«

Wieder dolmetschte ich. Der Alte drehte ihm langsam den Rücken zu und tupfte sich mit einem Finger in den Nacken. »Hier kamen Beulen. Ich hatte viel Kopfschmerz, und meine Haut hatte viel Jucken.«

»Warst du von dem Insekt gestochen worden, das wie ein Düsenjäger fliegt?«

Ein lieblicher Ausdruck zum Übersetzen!, dachte ich bei mir und sagte dem Afrikaner in seiner Landessprache: »Er fragt, ob du von dem *dudu* gebissen wurdest, der so schnell fliegt wie der Honigesser.«

Der Alte nickte. »Ja, das wurde ich. Es ist ein ganz gefährlicher *dudu,* der große Krankheit bringt. Du musst aufpassen, dass du nicht von ihm gebissen wirst. In diesem Land gibt es eine riesige Menge.«

Auf einmal näherte sich von der anderen Seite des Lagerfeuers ein schlanker junger Afrikaner. »Buana, es ist eine Freude für mich, dich zu sehen.«

Im flackernden Schein des Feuers konnte ich ihn nicht gleich erkennen, aber ich hatte noch selten ein Gesicht gesehen, aus dem so viel Freude und Glück strahlte.

»*Kumbe*«, erwiderte ich, »als du im Krankenhaus warst, hast du doch sicher auch von der Medizin genommen, die man nicht in Flaschen und Schachteln aufbewahrt!«

»So ist es, Buana. Ich bin Tadayo. Ich habe eines Tages im Krankenhaus Pillen bekommen. Damals hatte ich einen Husten im Hals. Aber in mir drin, Buana, da saß das, was man ›Angst‹ nennt. Und da war einer, der hieß Yohanna. *Kumbe!* Der hatte Mut in sich und Lachen. Das sah man an seinem Gesicht. Als er mir die Medizin gegeben hatte, sprach er mit mir und sagte, dass er im Leben keine Angst kenne und dass er auch keine Angst vor dem Sterben habe. *Kumbe!* Buana, mein Mund war voller Fragen. Yohanna erzählte mir von Jesus, wie Er uns von der Sünde frei gemacht hat. Er erzählte mir von Seinem Tod am Kreuz, von dem Erdbeben und dem leeren Grab. Er sprach wunderbare Worte. Damit hat es angefangen, Buana. Dann waren auch welche da, die uns zeigten, wie man schnell lesen lernt. *Heh,* ich kam am Donnerstag in Dodoma an, und am Montag konnte ich schon lesen, Buana! Dieses Buch« – er zog ein stark zerlesenes Neues Testament aus der Tasche und hielt es hoch – »ist das Wichtigste, *koh,* und jetzt ist immer Freude in meinem Herzen!«

Ich übersetzte alles für Bill ins Englische. Er trat von

einem Fuß auf den anderen und schien wenig erbaut zu sein von dem, was er hörte.

Nun wandte sich Mboga an die Dorfbewohner, die sich inzwischen zahlreich eingefunden hatten. »Wir können singen und schöne Musik dazu machen. Das wird eure Ohren sehr erfreuen. Hört mal zu!«

Er holte seine *ilimba* unter dem Hemd hervor und fing an zu singen. Als dann Bailey mit seinem melodischen Pfeifen einfiel, wiegten sie anerkennend die Köpfe, und manch einer meinte in der Suahelisprache: »*Mzuri kabisa* – sehr schön!«

Tadayo flüsterte mir ins Ohr: »Die Leute im Dorf haben keine Freude am Wort Gottes, Buana. Es lebt hier ein Medizinmann, der sie in großer Furcht hält.«

»Wir haben eine wunderbare Maschine bei uns, Tadayo, die alle, die sehen können, in Staunen versetzt und den Einfluss des Medizinmannes vielleicht schwächt.«

Mbogas Spiel und Gesang wurden immer lebhafter, und Bills Pfeifen mischte sich melodisch darein. Immer mehr Menschen tauchten aus der Dunkelheit auf und wiegten ihre Köpfe im Rhythmus der Musik.

Kali und Simba spannten zwischen zwei Baumstämmen eine große weiße Leinwand auf, und Bill richtete das Filmgerät ein.

Plötzlich rief Simba: »*Hongo*, Leute aus dem Dorf! Buana Kodaki, der Musik machen kann, indem er Luft durch die Zähne bläst, ist ein großer Künstler und macht Bilder, die sich bewegen. Er wird euch jetzt wunderbare Sachen zeigen.«

Ich ergänzte: »Ja, wir bringen jetzt großes Lachen in euer Dorf. Ihr werdet *Panya*, die Ratte« – so umschrieb ich Micky Maus – »und *Nyao*, die Katze, sehen!«

Als auf einmal ein greller Lichtstrahl auf die Leinwand fiel und das Bild scharf eingestellt wurde, riefen drei mit Bogen und Pfeilen bewaffnete Mäuse, die sich an eine schlafende Katze heranschlichen, Ausrufe höchsten Erstaunens hervor.

Tiefe Stille herrschte, als plötzlich drei Pfeile aus der Nase der Katze herausragten. Und als dann die Tiere in rasender Geschwindigkeit davonjagten, als Türen zuschlugen, dass die Katze Sterne sah, als Möbel umfielen, Mauern und Wände einstürzten und die Tiere unter sich begruben, war des Verwunderns kein Ende.

»*Kanhyi, kanhyi* – mehr, mehr!«, riefen alle, als der Film ausgelaufen war. Ich spannte die afrikanische Fassung der »Pilgerreise« ein, und nun erlebten alle in atemloser Spannung des Pilgers Reise bis zu seiner Ankunft in der himmlischen Heimat mit, in der alle Erdenlast von ihm abfiel. Alle waren so hingerissen, dass sie kopfschüttelnd und wortlos einander ansahen.

Plötzlich dröhnte in aufregendem Rhythmus eine Trommel im Dorf, und die Leute verschwanden schleunigst in der Dunkelheit.

»Haben Sie gesehen, wie schnell sie fort waren, Doc?«

»Der Medizinmann, Bill!«

»Buana«, kam Simbas Stimme, »hier ist eine Frau.«

Ein Strahl des aufflackernden Feuers fiel auf das

ängstliche Gesicht eines Mädchens, das die Worte hervorsprudelte: »Buana, ist es wahr, dass die, die eine Last zu tragen haben, nicht in Gottes Königreich eingehen können?« Dabei zog sie ein schwarzes Tuch von ihren Schultern fort. Zwischen den Schulterblättern war eine ungewöhnlich große Geschwulst zu sehen.

Aus der Dunkelheit heraus packte eine hagere Hand sie roh am Arm und riss sie in eine der Hütten. Wir konnten gerade noch eine lange Gestalt mit rotem Kopfschmuck erkennen. Dann war das ganze Dorf wie ausgestorben, und wir hörten nur das unheimliche Heulen einer Hyäne.

Das Nashorn

Im Morgengrauen brachen wir unsere Zelte ab und fuhren weiter über die Hochebene, eine dichte Staubwolke hinter uns zurücklassend. Wir kamen durch Gegenden, in denen die seltsamsten aller Ungetüme, die riesigen Planierraupen, am Werk gewesen waren. Sie hatten Bäume, Unterholz und Dornbüsche wie spielend ausgerissen und an einer Seite aufgereiht.

Es dauerte nicht lange, da hatten wir das Ende des breiten Sperrgürtels erreicht, und wieder stießen wir auf ein Schild »Tsetsefliegen-Kontrolle«. Quer über den Weg gelegte Baumstämme zwangen uns, vor den weit geöffneten Toren eines gleich daneben stehenden riesigen Wellblechschuppens haltzumachen.

Zwei uniformierte Afrikaner, die Wache standen, ließen den Jeep hineinfahren, und dann schloss sich das Tor dröhnend. Ungefähr drei Minuten später öffnete sich am entgegengesetzten Ende ein gleiches Tor, und der Wagen fuhr hinaus.

Als wir mit unserem Lastwagen an die Reihe kamen, suchte zunächst ein rot bemützter Afrikaner mit einem kleinen Moskitonetz sorgfältig in unserem Wagen herum und war stolz, als er in einer dunklen Ecke eine Tsetsefliege erwischte. Dann gab er uns ein Zeichen, und wir konnten einfahren. In der Dunkelheit herrschte eine so hohe Temperatur, dass es uns fast den Atem verschlug.

»*Kah!*«, keuchte Mboga. »Dies ist sicher ein Ofen, in dem die Tsetsefliegen gekocht werden.«

Endlich hieß es »*Bassi* – Fertig!« Das Tor wurde aufgerissen, und wir waren von dem grellen Sonnenlicht wie geblendet. Es war Mittag, und die Sonne stand hier, nur wenige Kilometer südlich des Äquators, genau senkrecht über uns.

Mboga hob eine tote Tsetsefliege vom Boden auf und beförderte sie vorsichtig in eine Flasche.

»Nach einer solchen Behandlung kann keine Fliege lebendig bleiben, Buana; sie leisten hier gründliche Arbeit.«

»Ja, das ist aber auch unbedingt nötig, die kleinen Biester richten sonst ungeheure Verheerungen in Tanganjika an.«

Draußen kam der Oberst auf mich zu. »Doktor, Bailey fühlt sich nicht wohl.«

Der Kameramann saß zwischen seinen Geräten und machte ein jämmerliches Gesicht. »Diese Stiche, Doc, brennen wie Feuer. Oh, wie hat dieses Kochen in der Fliegenfalle die Glut geschürt!«

An der Einstichstelle hatte sich ein blutroter Rand gebildet. Er rieb vorsichtig Salbe hinein und verfluchte dabei alle *dudus* im Allgemeinen und die Tsetsefliegen im Besonderen.

Dann fing er an, heftig zu niesen. Es wollte gar kein Ende nehmen. Die Nase lief, die Augen tränten, und auf der ganzen Haut zeigten sich rote Flecken. Eine tüchtige Spritze Adrenalin brachte ihm Linderung, und eine Stunde später brachen wir auf.

Wir kamen an großen Zebraherden vorbei. In einem Dornbuschdickicht standen vierzehn Giraffen. Die auf den langen Hälsen sitzenden Köpfe folgten uns langsam im Vorbeifahren, aber ihre großen gefleckten Körper waren in dem wie eine Tarnfärbung wirkenden flimmernden Spiel von Licht und Schatten kaum zu erkennen.

In einer Geländesenkung wuchs niedriges Gesträuch. Um den jenseitigen Steilhang zu nehmen, hatte Oberst Johnson seinen Jeep heruntergeschaltet und fuhr in langsamem Tempo hoch. Plötzlich dröhnte das verdächtige Stampfen einer herangaloppierenden gewaltigen Masse, und ich sah ein riesiges Nashorn, das mit gesenktem Kopf auf den Jeep losstürmte.

Auch der Oberst hatte es gesehen. Er trat den Gashebel durch, der Wagen schoss mit heftigen Schlingerbewegungen vorwärts. Wir fürchteten, der etwa eine Tonne wiegende Koloss könnte ihn jeden Augenblick von der Seite rammen. Unvermittelt machte er aber halt und glotzte zu uns herüber. In einer Staubwolke sahen wir den Jeep, der inzwischen die Höhe erreicht hatte, davonbrausen, dicht gefolgt von dem Lastwagen des Fotografen.

»Kumbe!«, rief Mboga. »Sieh, Buana, *Kifaru*, das Nashorn, will jetzt *uns* angreifen!«

Und tatsächlich galoppierte das Untier von vorn auf uns zu.

Weiterfahren hieße, frontal mit ihm zusammenzustoßen; es war nur noch etwa dreißig Meter von uns entfernt. Rechts erhob sich eine Böschung, links wuchs dichtes Dorngebüsch, und dahinter dehnte sich eine weite Fläche aus. Mit kurzem Entschluss riss ich das Steuer nach links, und der schwere Wagen bahnte sich aufbrüllend seinen Weg.

Mboga, der zurückschaute, rief entsetzt: »Oh, Buana, es kommt hinter uns her! *Koh, heh,* mein Blut hört auf zu fließen!«

Simba sagte ernst: »Wir sind schneller als jedes Nashorn, Buana, wenn der Boden eben bleibt. Aber wenn wir in das Loch eines Erdferkels oder so etwas geraten, *yoh*!«

Der Gashebel war fast durchgetreten, und der Abstand zwischen uns und dem in unserer Staubwolke folgenden angriffslustigen Untier wurde größer. Sonderbare, in diesem Augenblick durchaus abwegige Gedanken durchzuckten mein Gehirn: Ich hatte irgendwo gelesen, das Horn könne manchmal bis zu einem Meter lang werden und sei, zu feinem Pulver zerstoßen, als Medizin sehr geschätzt.

»Pass auf, Buana!«, schrie Mboga.

Unmittelbar vor uns klaffte in dem halbhohen Gras eine Bodenspalte, fast zwei Meter tief und drei Meter breit. Ich riss den Wagen fast in rechtem Winkel herum; er balancierte bedenklich auf zwei Rädern, fing sich aber wieder, und weiter ging die Jagd.

»Buana!«, rief Mboga, außer sich vor Freude. »Es konnte nicht mehr bremsen und ist in das Loch hineingelaufen!«

Aber seine Freude sollte nicht lange dauern; denn nachdem wir einen riesigen Ameisenhaufen und einige kleine Baumgruppen umfahren hatten, tauchte hinter uns das Nashorn wieder auf. Da wir nun eine Steigung nehmen mussten, kam es allmählich immer näher. Wir hatten nur noch einen halben Kilometer bis zur Straße, von der wir hatten abbiegen müssen, aber der Abstand zwischen uns und den herandonnernden Hufen schmolz bedenklich dahin.

Da wagte ich es, um ein Stück abzuschneiden, mit Vollgas in einen jungen Baumbestand hineinzufahren. Der schwere Wagen erzitterte beim ersten Anprall, riss aber alles um, was ihm im Wege stand. Als die Räder endlich wieder die feste Straße unter sich hatten, heulte der Motor auf; nun waren wir in Sicherheit und erreichten nach wenigen Sekunden die anderen Fahrzeuge.

Mboga fasste mich an der Schulter. »Sieh, Buana Kodaki ist tüchtig bei der Arbeit!«

Auf einer Kiste auf dem Lastwagen stand ohne Kopfbedeckung Bailey mit einer Kamera. Er hatte unser ganzes Abenteuer gefilmt. Im Augenblick war sein Gerät auf das Nashorn gerichtet, das anscheinend das Interesse an uns verloren hatte und den Weg zurücktrottete, den es gekommen war.

Simba wies mit dem Kinn auf Oberst Johnson, der mit entsichertem Gewehr etwas abseits stand. »*Hongo,* ich sehe, es gab gar keine Gefahr für uns; der Buana hat uns die ganze Zeit mit seinem Gewehr gedeckt. Mboga, dein Blut hätte ruhig weiterfließen können.«

Wir fuhren weiter, und im grellen Sonnenlicht flimmerten die bunten Farben der weiten Ebene vor unseren Augen. Zu Mittag aßen wir in einem schnell aufgeschlagenen Zelt, dem einzigen schattigen Fleckchen weit und breit. Mir fiel auf, dass Bailey nur sehr wenig aß; nach dem Essen bat er mich um Aspirin.

»Kopfschmerzen?«, fragte ich ihn.

Er nickte. »Schon den ganzen Vormittag.« Er schluckte die Pillen und starrte zum Horizont.

»Sagen Sie, Oberst, sehe ich schon Gespenster? Oder eine Fata Morgana?«

»Nein, Bailey, das ist Wirklichkeit; es ist die riesige Wasserfläche des Manyara-Sees. Wir müssen rechts daran vorbei – und ich hoffe, wir geraten nicht in einen dieser tückischen Wirbelwinde, die ich da hinten herankommen sehe.«

Ein riesiger dunkler Schlauch staubdurchsetzter heißer Luft, der von der Erde bis in die Wolken reichte, schwankte über der Ebene dahin, und über ihm kreiste mit weit ausgebreiteten Flügeln ein Schwarm großer Vögel.

»Geier«, sagte der Oberst, »widerliche Tiere; die werden wir noch häufiger zu sehen bekommen.« Die Luft war so drückend, dass wir nur noch mit Mühe atmen konnten, und am liebsten hätten wir für einige Stunden Rast gemacht. Der Oberst bestieg jedoch seinen Wagen. »Wir müssen jetzt weiter. Im Schatten der Berge werden wir uns alle wohler fühlen. Wenn irgendetwas Filmenswertes auftaucht, werde ich anhalten.«

Wir waren eine Stunde gefahren und auf einer lang gestreckten Anhöhe angekommen, als der Jeep plötzlich anhielt. In einer kleinen Geländesenkung stand eine ganze Gruppe Giraffen.

»Zwölf«, sagte Simba, »und drei kleine.«

Als Bill seine Aufnahmen gemacht hatte und die Kamera zum Wagen zurückbrachte, war ich betroffen von seinem Aussehen.

»Doc«, murmelte er, »mein Mund ist ganz trocken. Ich kann nicht mehr geradeaus sehen, und mein Kopf brummt wie toll.« Er machte eine verärgerte Handbewegung. »So was ist mir noch nie passiert: die ganzen schönen Aufnahmen mit leerer Kamera!«

»Sie dürfen heute auf keinen Fall mehr fahren, Bill.«

Auch der Oberst war dieser Meinung. »Kali wird Sie am Steuer ablösen, und Sie machen es sich am besten zwischen Ihren Geräten bequem. Wir können es uns nicht leisten, dass unser wichtigster Mann krank wird.«

Langsam fuhr die Kolonne weiter bergauf durch hügeliges Gelände auf das Gebirge zu, das den Horizont begrenzte. Wir erreichten eine Blockhütte, die am Rand eines riesigen Kraters stand. Ein an ihr befestigtes Schild zeigte uns an, dass wir uns 2300 Meter über dem Meeresspiegel befanden. Tief unter uns lag der Wasserspiegel des Manyara-Sees, und jenseits erhoben sich die blauen Berge.

»Simba, hilf mir bitte. Wir müssen Buana Bailey ein Lager zurechtmachen.« Wir betteten ihn auf ein Feldbett. Sein Puls ging sehr schnell. Unter dem Mikroskop untersuchte ich mit äußerster Sorgfalt eine Blutprobe, fand aber nichts Verdächtiges.

»Malaria ist es nicht, Bill. Sie haben sich bestimmt

einen Sonnenstich geholt; wir werden jetzt kalte Umschläge machen.«

Er nickte. Seine Haut war brennend heiß und ganz ausgetrocknet. Wenn wir ihn zum Schwitzen bringen könnten, würde es wohl besser werden.

Gegen Abend kam ein kühler Wind auf. Ich legte ein Thermometer zwischen Bills Lippen und wartete einige Minuten. Es zeigte 40,5 Grad. Schweißperlen standen auf seiner Stirn.

»Sagen Sie, Doc«, murmelte er, »ich fühle mich ein bisschen besser, und ich habe Durst!«

»Trinken Sie, so viel Sie wollen! Ich will Ihnen auch eine Spritze geben, denn ich möchte sichergehen – es könnte doch vielleicht Malaria sein, obwohl ich keine Bakterien in Ihrem Blut gefunden habe. – Mboga, halte seinen Arm fest. Es ist nicht leicht, bei jemandem, der so zittert wie unser Buana Kodaki, die Spritze richtig anzusetzen.«

Als der Mond aufging, lag unser Patient in tiefem Schlaf, und die Temperatur war auf 37,8 Grad gesunken.

»Mboga, bleib hier bei ihm, bis die kleine Uhr klingelt. Dann ist Mitternacht, und dann kommst du und weckst mich. Wenn etwas Besonderes passiert oder er nach mir fragt, weckst du mich früher. Lass ihn trinken, wenn er will, aber weck ihn nicht auf.«

»Du kannst dich auf mich verlassen, Buana.«

Beunruhigendes

Ich lag unter dem sorgfältig befestigten Moskitonetz auf meinem Feldbett und lauschte den Stimmen der Nacht. Alles war friedlich, und langsam stellte sich der Schlaf ein – aber dann war ich plötzlich hellwach. Ein Schatten stand vor mir, und dann hörte ich eine Stimme flüstern: »Buana, ich bin es, Simba. Mein Magen rumort, und mein Inneres macht mir wenig Freude.«

»In der Medizinkiste ist eine grüne Flasche mit Pillen.«

Der breitschultrige Afrikaner zündete ein Streichholz an und fummelte an der Kiste. »Sie ist abgeschlossen, Buana.«

»Stimmt ja auch! Der Schlüssel ist im Zelt von Buana Kodaki; er soll aber jetzt nicht gestört werden.«

Ich hörte ein leises Klicken, und dann kicherte er: »Das Schloss ist offen, Buana. Ich habe es mit einem Stückchen Draht gekitzelt.« Er entzündete ein neues Streichholz. »Grüne Flasche, zwei Pillen. Danke schön, Buana!«

»Simba, du darfst aber nicht an anderer Leute Schlösser herumarbeiten. Damit macht man sich verdächtig und unbeliebt.«

Er kicherte wieder. »Keine Angst, Buana. Gute Nacht!«

Ich mochte gerade wieder eingeschlafen sein, als ich

eine Hand auf meiner Schulter spürte. »Buana, Buana, ich bin es. Mboga. Es ist Mitternacht, und er schläft fest.«

Ich stand auf und ging leise in Baileys Zelt. Sein Puls ging schnell und heftig. Ich schob ihm das Thermometer unter die Achseln. Das Krankheitsbild war mir jetzt klar: Sonnenstich. In zwei bis drei Tagen würde er wohl wieder ganz gesund sein.

Ich trat ans Fenster und las im hellen Mondlicht die Skala; sie zeigte 37,8 Grad. Ich war beruhigt.

Die Nacht war erstaunlich hell. Die hohen Berggipfel zeichneten sich scharf gegen den Horizont ab. Nach Westen lag der jetzt blau schimmernde Wasserspiegel des Sees.

Ich dachte an Simba, der vor einiger Zeit in einer solchen Nacht einen Löwen mit dem Speer erlegt hatte, dann an Perisi, seine Frau, und ihre vier Kinder. Sie führten ein vorbildliches Familienleben. Ein prächtiger Kerl war Simba, solide, hilfsbereit, vor allem aber zuverlässig und ehrlich.

Im Schatten unter einem Dornbaum bewegte sich etwas. Ich sah gleichgültig hin, aber dann fühlte ich ein leises Prickeln auf der Haut. Vier große Löwen strichen, keine dreißig Schritte von mir entfernt, ruhig vorbei. Eine Löwin blieb stehen und schnupperte; dann drehten sich alle zu mir hin. Als jetzt der Kranke hinter mir leise stöhnte, schauten sie aufmerksamer. Ich rührte mich nicht; ich wusste, wie unglaublich neugierig Löwen sind.

Aus dem Urwald kamen Geräusche. Der große

Löwe schüttelte seine Mähne und schritt weiter, die drei Löwinnen hatten noch keine rechte Lust zu folgen. Ich griff unwillkürlich nach der einzigen Waffe in meiner Nähe – Bills schwerem Stativ – und wartete auf die nächste Bewegung der Raubtiere.

Plötzlich zuckte über mir ein Blitzlicht auf. Mein Mund war zu ausgetrocknet, als dass ich einen Laut der Überraschung oder des Schreckens hätte ausstoßen können. Ein zweiter Blitz beleuchtete zum Glück die Hinterkeulen vier davoneilender Löwen.

Hinter mir stand mit zitternden Knien der baumlange Bill!

»Das war ein Schnappschuss, Doc!«

Dann verließen ihn seine Kräfte, und er taumelte. »Halten Sie die Kamera, Doc, die Kamera!«

Sie zwischen seinen und meinen Körper pressend, gelang es mir, mit ihm sein Bett zu erreichen. Er streckte sich aus und grinste mich an. »Ich sah Sie zum Fenster hinausschauen, als erblickten Sie einen Geist. Da dachte ich mir gleich: *Das könnte vielleicht ein gutes Bild werden!*«

»Hören Sie, das war eine Riesendummheit. Machen Sie solche Scherze nicht wieder, Sie sind schwer krank!« Ich wickelte ihn fest in seine Decken.

Er blinzelte mich mit einem Auge an. »Okay, Doc, okay!« Ich gab ihm eine Pille, und gegen zwei Uhr zeigten seine ruhigen Atemzüge, dass er eingeschlafen war.

Ich wollte gerade selbst ein bisschen einnicken, als fernes, lautes Brüllen mich aufschreckte. Ich fuhr hoch und hätte im Dämmerlicht beinahe den Tisch umgeworfen. Die Leuchtuhr zeigte 5.30 Uhr.

Die Grillen waren verstummt, über dem Horizont fing es an zu tagen. Bailey streckte einen Arm aus dem Bett; ich fühlte ihm den Puls, der regelmäßig und kräftig ging.

Der Oberst kam aus seinem Zelt und begrüßte mich. »Wie geht's unserem Patienten?«

»Ich denke, heute kriegen wir ihn wieder ganz in Ordnung. Aber vor vier Uhr nachmittags lasse ich ihn nicht hinaus. Er soll noch nicht in die heiße Sonne, und vor allem muss er einen vernünftigen Hut aufsetzen.«

»Da haben Sie ganz recht.« Dann wies er mit der Hand auf den Boden. »Wir haben in der Nacht Besuch gehabt.«

»Ja, ich habe einen Trupp Löwen gesehen, vier insgesamt.«

Er zeigte auf die Fußspuren. »Es waren mindestens fünf; außerdem waren auch einige Böcke hier.«

Unter einem Affenbrotbaum kauerte Simba. Als ich mit dem Frühstück fertig war, kam er zu mir herüber.

»Buana, ich muss ein paar Worte mit dir sprechen.«

»*Eh-heh*, Simba, was macht dein Magen?«

»*Mzuri kabisa*, Buana, er ist wieder besser. Die Medizin ist gut; aber meine Worte betreffen das Mädchen mit dem großen Geschwür auf dem Rücken. Ich kenne sie, Buana, sie kommt aus einem Dorf in der Nähe meines eigenen Dorfes. Ihre Verwandten sind schlechte Leute.« Er drehte den Kopf zur Seite. »*Punghati!*«, sagte er und spuckte in seiner charakteristischen Weise mit Nachdruck aus. »*Heeh*, Buana, sie hat ja dieses Geschwür. Keiner der jungen Männer wird sich nach ihr umsehen, um sie zu heiraten; sie sagen, es sei das Zeichen des Fluchs ihrer Ahnen. Sie zur Frau zu haben, würde Unglück und Leid herbeiziehen.«

Er blickte hinunter auf seinen linken Fuß. Seine äußerst beweglichen Zehen spielten mit einem kleinen Stein, und ich sah, dass der dicke Zeh verstümmelt war. Mir fiel ein, dass er mir erzählt hatte, er sei ihm als kleiner Junge von einer riesigen Spinne abgebissen worden.

»Buana«, fuhr er fort, »es war in den Tagen der Hungersnot vor zwei Jahren. Ihre Angehörigen sagten, sie sei ein unnützer Esser, und verkauften sie einem Viehhändler vom Stamm der Massai für ein paar Kühe. Sie lebt bestimmt in großem Elend, Buana; er behandelt sie schlechter als seine Tiere. Der Mann, den wir nach ihr greifen sahen, schlägt sie, genau wie seine anderen Frauen. Sie lebt fern von ihren Verwandten und Freunden. Kaum einer versteht ihre Sprache; man muss wirklich großes Mitleid mit ihr haben.«

»Können wir ihr auf irgendeine Weise helfen?«

Er hockte sich hin und zog, die Lippen trotzig vorschiebend, sonderbare Linien in den Sand – ein Zeichen dafür, dass er sich einen großen Plan ausgedacht hatte.

»Buana, hast du gemerkt, dass Mboga sich mit sehr lieben Augen nach ihr umgesehen hat?«

Ich nickte, aber bevor wir weiterreden konnten, kam Kali im Eilschritt heran und stellte sich stramm vor mich hin. »Buana, die Worte meines großen Chefs lauten, dass Simba mit mir eine kleine Safari machen soll, um herauszufinden, wo *Nhembo*, der Elefant, und sein Stamm sich jetzt aufhalten.«

»Möget ihr im Schutze des Siebengestirns in Frieden reisen!«, erwiderte ich mit der landesüblichen Formel. Beide sahen mich, erfreut über diese Aufmerksamkeit, breit grinsend an, grüßten und zogen ab, der eine mit geschultertem Gewehr, der andere seinen Speer schwingend.

Mboga stand plötzlich neben mir. »Buana Kodaki schläft.« Ich überzeugte mich, dass es stimmte, und ging dann zu Ibrahim hinüber, der mit der Morgenwäsche beschäftigt war. Er rieb die Hemden so kräftig mit Seifenlauge ein, als wenn er es auf möglichst schnellen Verschleiß abgesehen hätte.

»Buana?«

»Heute Mittag kochst du Kaffee für Buana Bailey, und zwar einen guten, denn die Amerikaner sind da sehr verwöhnt.«

»Sei unbesorgt, Buana, ich werde es schon richtig machen.«

»Mboga bleibt bei ihm, bis du deine Wäsche fertig hast. Dann setzt du dich still zu ihm und sagst mir, wenn er aufwacht.«

»*Ndio*, ja, Buana.«

Die Sonne stand fast senkrecht über uns. Die Luft flimmerte und ließ die Konturen der fernen Berge leise zittern.

Ibrahim kam langsam heran. »Buana, der Kranke

ist wach und spricht lauter Worte, die ich nicht verstehe.«

Ich ging zu ihm hinein. »Wie fühlen Sie sich, Bill?«

»Oh, Bruder«, kam seine Stimme kläglich unter dem Moskitonetz hervor, »was hab ich Kopfschmerzen!«

»Wie wär's mit einer Tasse Kaffee?« Ich wies mit dem Kinn in die Richtung, wo sich der Kilimandscharo erhob. »In den Plantagen da oben wächst eine saubere Bohne.«

Ich schüttelte die Quecksilbersäule des Thermometers herunter, steckte es ihm in den Mund und zählte seinen Puls. Als ich ablas, sah er mich gespannt an.

»Die Temperatur ist gefallen, der Puls ist normal. Wenn erst die Kopfschmerzen weg sind, können Sie sich wieder betätigen – in den nächsten Tagen allerdings nur am frühen Morgen und am späten Nachmittag.«

Ich legte ihm ein nasses Handtuch auf die Stirn. »Bleiben Sie zunächst still liegen, und nehmen Sie die Dinge, wie sie nun einmal sind.«

Ibrahim kam mit dem Kaffee, den er sorgfältig servierte. Bill nickte zufrieden. »Er versteht seine Sache, der Ibrahim. Zwei Stunden hat er hier gesessen wie Tante Katharina und auf mich achtgegeben. Ich habe solche Kerle gern. Das gilt auch für Ihren ›Spinat‹. Ist Ihnen übrigens sein betrübtes Gesicht aufgefallen, als er das arme Mädchen mit dem Tumor zwischen den Schultern sah? Wenn Amor jemals einen Meisterschuss getan hat, dann gestern Abend!« Er grinste übers ganze Gesicht und schlürfte genießerisch seinen Kaffee. »Das ist wirklich ein sauberes Gebräu! Wie wär's mit noch etwas?«

»Ja, und dazu zwei Pillen.«

Er legte sie ganz hinten auf die Zunge und schluckte sie. Ich beobachtete ihn, wie er langsam in den Schlaf sank, und flüsterte Ibrahim zu, bis vier Uhr zu bleiben und ihm dann noch eine Tasse Kaffee zu geben.

Kurz nach vier fragte Bailey mich, ob ich Schach spielen könne.

»Allerdings. Aber Sie mit Ihren Kopfschmerzen?«

»Oh, mir ist zwar ein bisschen schwindlig, aber ...«

Ich muss gestehen, dass ich mich nach zwei Spielen, als mein König wieder aussichtslos in die Enge getrieben war, etwas darüber freute.

Simba trat ein. »Buana, wir waren in dem Dorf, das mitten im Dorngebüsch liegt. Hinter ihm ist ein See, und ich glaube, da kann Buana Kodaki schöne Bilder machen.«

»Was sagt er?«, fragte Bill, und ich übersetzte.

»Buana«, fuhr Simba fort, »ich sah dort einen Vogel mit sonderbaren Augen und einem so komischen Schnabel, dass er aussieht wie ein Flusspferd mit Flügeln. Es gibt da auch große, rosafarbene Vögel mit langen, dünnen Beinen; das sind sicher die Giraffen unter den Vögeln.«

Als ich das übersetzte, lächelte Bill. »Pelikane und Flamingos vermutlich. Sonst noch was, Simba?«

»Es gibt da auch eine Stelle mit seichtem Wasser

und hohen Felsen dahinter, und da sind Elefanten, Elefanten und nochmals Elefanten!«

Dann fuhr er in verändertem Ton fort: »Und, Buana, nicht weit von dieser Elefantengegend, ungefähr eine Stunde davon entfernt, ist noch ein Dorf. Es ist ein Ort der Krankheit, der Unruhe und der Tsetsefliege! In diesem Dorf hat der Viehhändler vom Stamm der Massai viele Freunde; das sind Hyänen in Menschengestalt. *Hongo,* in meinem Herzen ist großes Mitleid mit dem armen Mädchen mit der Beule. Sie nennen sie Mzito, die Lästige. *Punghati!*« Er drehte sich um und spuckte zur Tür hinaus. »Es sind auch noch Massai da, die gar keine echten sind. Und die halten Mzito bei sich fest«, sagte er mit großer Erbitterung in der Stimme.

Abends gab es gebratene Ente; der Oberst zerlegte sie fachmännisch. »Kali scheint eine gute Stelle gefunden zu haben, von der aus wir Elefanten filmen können.«

Danach sprach er den ganzen Abend kein Wort mehr.

Als Ibrahim den Tisch abräumte, stand der Oberst auf und gab mir ein Zeichen mitzukommen. Wir schlenderten zu einem Platz, der uns eine herrliche Aussicht bot; ich kam aber nicht dazu, sie zu genießen. Er hüstelte und begann zu sprechen.

»Doktor, ich habe diesen Simba auf Ihre Empfehlung hin als Fahrer mitgenommen. Ich muss Ihnen sagen, dass jemand in meinen Vorräten herumgestöbert hat.«

»Simba ist kein Dieb, Oberst. Ich kenne ihn seit zwei Jahren, und mir ist noch nie etwas weggekommen.«

»Das mag sein. Diese Leute bestehlen selten ihre eigenen Herren, aber bei anderen nehmen sie es nicht so genau. Haben Sie sich schon mal seine Füße angesehen?«

Ich nickte.

»Es wird Sie interessieren, dass ich in meinem Zelt Fußspuren entdeckt habe, die einen beschädigten linken Fuß zeigen. Außerdem ist mit dem großen Schraubenzieher aus dem Werkzeugkasten des Dreitonners versucht worden, meine Geldkassette aufzubrechen. Ich will niemanden beschuldigen, aber halten Sie Ihre Augen offen und Ihr Geld in Sicherheit.«

Ich starrte lange in die Dunkelheit hinaus. Simba und ich hatten manches Schwere gemeinsam erlebt; er nannte sich einen Christen und hatte sich auch immer als ein solcher gezeigt. Niemals hatte er sich auch nur im Geringsten als Dieb verdächtig gemacht. Ich ging zu ihm hin.

Behutsam legte ich eine Hand auf seine Schulter. »Simba, was hast du da in der letzten Zeit angestellt?«

Er sah mich an und lachte. »Buana, ich habe gejagt, und zwar ein edles Wild! Mein Herz hüpft und singt, *koh,* es ist in großer Freude und voll Glück, besonders wenn ich daran denke, dass ich keine Last auf dem Rücken habe!«

»Simba, du wirst mir doch nichts vormachen wollen, nicht wahr? Es hat jemand versucht, mit dem

Schraubenzieher aus unserem Lastwagen die Kassette des Buana Oberst aufzubrechen. Und was noch verdächtiger ist: Die Feder von deinem Hut ist in seinem Zelt gefunden worden.« Das hatte mir der Oberst mitgeteilt.

Er nahm auf einmal stramme Haltung an. »Buana, ich habe es nicht getan. Früher habe ich oft gestohlen, aber jetzt tue ich das nicht mehr, Buana. Ich bin nicht in dem Zelt des Großen Jägers gewesen, und ich habe auch nicht versucht, sein Geld zu stehlen. Die Feder war vor zwei Tagen auf einmal von meinem Hut verschwunden. Du glaubst mir doch, Buana?«

»Simba, weißt du auch, dass man deine Fußspuren in dem Zelt entdeckt hat?« Ich leuchtete mit der Taschenlampe auf seinen linken Fuß. »Hat sonst noch jemand hier nur vier Zehen?«

Er zuckte die Schultern. »Ich bin es auf jeden Fall nicht gewesen, Buana.«

Dann ging er weg, und ich blieb in gedrückter Stimmung allein zurück.

Reiche Ausbeute

Für mich war es ein Tag der Ruhe. Mboga kauerte wie ein Häufchen Elend in der Tür; seine Finger glitten über die *ilimba,* und er sang dazu eine klägliche Melodie. Bailey saß mit einem feuchten Handtuch um den Kopf in der Nähe und pfiff, die Augen müde geschlossen, eine harmonische Begleitmusik.

Auf einmal legte der Afrikaner sein Instrument beiseite und sagte: »Fein!«

Bill wickelte sich langsam das Handtuch vom Kopf. »Doc, wenn ich jetzt eine Posaune hätte! Sie wissen ja, dass auf ähnliche Weise der Blues, diese weiche, träumerische Tanzmusik, entstanden ist. ›Spinat‹ hat doch sicher noch ein paar nette Weisen auf Lager!«

»Er kann ja aus seiner Kiste allerhand herausholen, aber steht Ihnen der Kopf jetzt nach Musik?«

»Es geht mir schon viel besser, Doc. Ich habe eine Liste aufgestellt mit allen Tieren, die ich sehen und filmen möchte. Ich will Aufnahmen von Löwen haben, besonders von jungen; dann von Löwen auf der Jagd und, wenn es gelingt, eine ganz neue Masche, irgendetwas, das noch kein anderer gefilmt hat. Dann Elefanten. Keine bloßen Aufnahmen, sondern interessante Streifen aus ihrem Leben. Und was habe ich für einen Spaß an Nashörnern bekommen! Ferner brauche ich noch Giraffen. Auch einen Streifen mit Hyänen und einen mit Leoparden. Und zum guten Schluss einige gute Aufnahmen von Vögeln.«

Der Oberst kam herein, und nachdem er einen Blick auf die Liste geworfen hatte, machte er einen Vorschlag. »Wir können ja schon morgen mit den Elefanten beginnen, müssen dann aber in aller Frühe aufbrechen. Wir fahren im Jeep bis etwa drei Meilen an die Stelle heran, die Kali ausgekundschaftet hat. Er sagt, es sei da ein gewaltiger Felsblock, der sehr günstig in der Nähe eines kleinen, sehr flachen Sees liege, wo die Elefanten sich gern im Schlamm wälzen. Vielleicht müssen wir über Nacht dort bleiben, deshalb wollen wir alle nötigen Geräte mitnehmen.«

Bereits eine Stunde vor Tagesanbruch war Bailey munter.

»Doc«, sagte er, während er seine Kameras vorbereitete, »keine Kopfschmerzen mehr. Ich bin heute zu allem fähig.«

Als es hell genug war, um ohne Licht zu fahren, setzte sich Johnson ans Steuer des Jeeps, der unter den weit reichenden Ästen eines riesigen Affenbrotbaums abgestellt war; er war schon voll beladen. Hinten nahm Kali Platz, ein Gewehr über den Knien. Ich setzte mich zwischen den Fahrer und Bill, der sich eine Kamera um den Hals gehängt hatte und eine andere in der Hand hielt. Stativ und anderes Zubehör lagen griffbereit vor ihm.

Mboga ging zu Fuß, und neben ihm schritt Ibrahim, Baileys vornehmer Diener vom Stamm der Suaheli, gekleidet wie ein feiner Herr, mit weißem

Käppchen, langem flatterndem *kanzu*, und in der Hand ein zierliches Spazierstöckchen.

Mboga war mit graugrünen Shorts bekleidet, über die Schulter hatte er sich einen roten baumwollenen Sack gehängt, der ein großes Paket enthielt, und unter dem Arm trug er eine riesige Melone.

Die Sonne ging soeben hinter den Bergen auf, Bill bewunderte das bunte Farbenspiel am Horizont und die scharfe Silhouette der Bäume auf dem Bergrücken. Der Oberst wies mit dem Arm in die Luft.

»Sehen Sie die Geier da oben schweben? Hier unten scheint irgendetwas zu sein, das wir uns ansehen müssten.«

Unser Jeep rollte fast lautlos einen langen Hang hinunter und hielt plötzlich mit einem Ruck an. Der Großwildjäger stieg aus und ging vorsichtig auf einen etwa einen Meter breiten und fast ebenso tiefen ausgetrockneten Bachlauf zu. Wir folgten ihm in gebückter Haltung und möglichst geräuschlos.

Vor einem riesigen Felsblock bog das Bachbett rechtwinklig ab. Johnson blieb stehen und schlich dann behutsam um den Felsen herum. Seine Finger entsicherten das Gewehr. Er kroch weiter, und wir folgten. Kali mit der Kamera war dicht neben mir, und hinter uns hörten wir Bill ungeduldig flüstern: »Schneller!«

Der Jäger machte halt und wies mit der Hand auf eine Stelle, an der der sonst starke Bachrand stark abgebröckelt war.

Da stand, keine zwanzig Meter von uns entfernt, neben einer toten Gazelle, seiner Beute der letzten

Nacht, ein großer, schwarzmähniger Löwe! Bill begann sofort zu filmen, und ich stellte mit Verwunderung fest, dass das Raubtier sich durch das Surren der Kamera nicht im Geringsten stören ließ.

Kali fasste meinen Arm und wies mit dem Kinn nach oben in die Richtung, in die jetzt auch der Löwe starrte. Ein Schwarm von Geiern und Marabus, die vorher in großer Höhe gekreist hatten, war schon ziemlich tief herabgekommen. Der dadurch unruhig gewordene Löwe umschritt seine Beute und stieß drohende Knurrlaute aus.

Ich fand es sehr beruhigend, dass Johnsons Gewehr ständig auf die Schulter des großen Raubtiers gerichtet war, und doch fühlte ich mein Herz bis in den Hals schlagen, als sich auf einmal der riesige Kopf zu uns herüberwandte. Dann ging sein Blick wieder nach oben zu den widerwärtigen Aasvertilgern. Der Löwe brüllte herausfordernd und drohend und schritt dann langsam einer nahen Wasserstelle zu.

Sofort fielen die Geier ein, bewegten sich schwerfällig um die tote Gazelle und rissen Fleischstücke aus ihr heraus. Bill murmelte leise vor sich hin, und seine Augen leuchteten vor Freude über eine so unerwartete Bereicherung seines Programms.

Auf einmal sah ich, wie sich hinter einem Dornbusch etwas bewegte. Anscheinend durch die Geier angelockt, kam eine große gefleckte Hyäne hinter ihm hervor, drängte sich durch die Vögel an das Aas heran und begann zu schlingen.

»Seht mal nach links, hinter dem Ameisenhaufen!«,

flüsterte uns Johnson zu. Dicht an den Boden gedrückt, näherte sich langsam der Löwe. Er umschlich einige Dornsträucher, und dann sprang er mit einem gewaltigen Satz mitten unter die Aasräuber. Es entstand ein tolles Durcheinander, ohrenzerreißende Schreie ertönten, und eine Wolke von Federn wirbelte durch die Luft.

Als nach einem Augenblick der Ruhe einer der unverletzt entkommenen Geier sich wieder in allerdings zu geringe Höhe wagte, sprang die große Raubkatze plötzlich hoch und holte ihn mit einem Tatzenhieb herunter. Dann stand sie da in majestätischer Haltung, wedelte mit dem Schweif, blickte verächtlich auf die hässlichen Vögel, die kreischend über ihr kreisten, und schritt langsam ins Gebüsch, die Beute mit sich schleppend.

Bill legte mit zitternden Fingern einen neuen Film ein. »Oh, liebe Leute, habt ihr gesehen, wie die Katze den dicken Spatzen erledigte?«

»Gleich können Sie das ganze Schlachtfeld filmen; nicht nur die Spatzen, wie Sie sie nennen, auch eine ungewöhnlich große Hyäne!«

Wir kamen aus unserem Versteck hervor. Das ganze Gras war niedergetrampelt, und es sah aus wie in einem Schlachthaus. Mehrere Geier lagen in ihrem Blut, und Bills Augen weiteten sich vor Staunen, als er auch die riesige Hyäne mit gebrochenem Hals daliegen sah.

Während er weiterfilmte, hielt sich der Jäger mit schussbereitem Gewehr unauffällig im Hintergrund. Dann stiegen wir wieder in unseren Jeep und fuhren weiter.

»Und wo sind jetzt die Elefanten?«, fragte Bill.

»Wenn wir um den nächsten Hügel herumgefahren sind, werden Sie hinter dem Wasserspiegel des Sees eine Art Klippe sehen. Dort werden wir für die nächsten zwei oder drei Tage unser Lager aufschlagen.«

Als wir die Klippe erreicht hatten, fuhren wir noch einige Hundert Meter weiter und waren am Ziel. Hier oben hatten wir einen idealen Platz zum Filmen. Wir konnten alles überblicken, was zwanzig bis dreißig Meter unter uns in Sumpf und Wasser vor sich ging, ohne selbst gesehen zu werden und, was noch wichtiger war, ohne dass die Tiere Witterung von uns bekommen konnten.

Bill saß mit einem feuchten Handtuch um den Kopf auf einem Felsblock.

»Wie fühlen Sie sich?«

»So lala, Doc.«

Ich wies mit einer Handbewegung nach unten, wo Kali sich auf eigenartige Weise betätigte. Er hatte sich die Füße mit Elefantenkot eingerieben, auch einen Sack mit dieser duftenden Masse gefüllt, mit der er nun die Wagenspuren und unsere Fußspuren bestreute; die Elefanten würden sie zwar nicht sehen, aber sie würden sie wittern und scheu werden.

»Hätten Sie keine Lust, ihm zu helfen, Bill?«

Er schüttelte angewidert den Kopf und rümpfte die Nase.

Ich wusch mich gründlich in einem Eimer Wasser, zog ein sauberes Hemd und frische Shorts an und kam mir wieder einigermaßen zivilisiert vor.

Plötzlich, ich stand gerade bei Oberst Johnson, sah ich, dass Bill unruhig in seinen Sachen wühlte. Mit rotem Kopf kam er angelaufen.

»Sagen Sie, Johnson, ist jemand an meinen Sachen gewesen? Das Schloss meiner Reisetasche ist aufgebrochen, und es fehlt ein Säckchen mit ostafrikanischen Schillingen und Banknoten!«

»Wie viel war denn drin?«

»Nur etwa fünfzig Dollar im Ganzen, aber es hätte doch viel schlimmer sein können!«

»Es ist also Tatsache: Wir haben einen Dieb unter uns. Wo ist denn dieser Kerl, der Simba?«

»Bei der Geschichte mit dem Löwen habe ich ihn nicht gesehen, und so was hätte ihm doch einen Bombenspaß gemacht. Überlassen Sie es mir; ich werde es morgen früh in Ordnung bringen«, sagte ich.

Inzwischen kamen auch Mboga und Ibrahim heran. »Buana«, sagte mein treuer Diener, »vor kurzer Zeit kamen wir an einem Weg vorbei, der in ein Dorf führt. Die Leute dort sehen die Europäer nicht besonders gern; aber wir begegneten einem, der mir sagte, man wisse dort von einer Stelle, an der ungeheure Vogelschwärme nisten. *Yoh*, Buana, *das* wäre was für die Kamera des Buana Kodaki!«

Als sich Ibrahim ein wenig entfernt hatte, wandte sich Mboga mit halblauter Stimme an mich: »In meinem Herzen ist so großer Kummer, dass mein Magen keine Freude am Essen hat.«

»Was ist denn passiert?«

»Simba ist weg, ganz weg!«

»Das ist ja sehr verdächtig, wo dem Buana Bailey das Geld gestohlen worden ist!«

»Wenn er noch hier wäre«, sagte er mit kläglicher Stimme, »hätte vielleicht auch der armen Mzito geholfen werden können, aber jetzt ...«

Er wandte sich traurig ab.

Beim Essen erzählte ich, was Mboga mir über die vogelreiche Gegend berichtet hatte. Der Jäger nickte. »Ich habe davon gehört. Es ist fast wie ein Märchen, aber glauben Sie mir, Doktor, wenn wir dorthin wollen, müssen wir erst das Wohlwollen des Dorfhäuptlings gewinnen, oder man wird uns falsch führen.«

»Dann statten wir ihm am besten einen Besuch ab.«

»Ja, das meine ich auch. – Übrigens müssen wir uns hier vor Moskitos in Acht nehmen. Nach Einbruch der Dunkelheit werden sie hier zu Hunderttausenden herumschwirren.«

Um Schutz vor der drückenden Nachmittagshitze zu finden, streckten wir uns im Schatten einiger Bäume aus, die am Rande unseres Plateaus wuchsen.

Ich begann gerade einzuschlafen, da hörte ich die kräftige Stimme von Oberst Johnson: »Bailey, etwas für Sie: ein Nashornpaar!«

Ungefähr dreihundert Meter von uns entfernt standen unter einem niedrigen Baum zwei Nashörner und glotzten sich an. Zwei geschlagene Stunden lang standen sie so, ohne sich auch nur einen Zoll von der Stelle zu bewegen, während kleine Vögel munter auf ihren Rücken herumhüpften.

»Jetzt ist die Paarungszeit«, sagte der Oberst. »Bei

den Nashörnern ist im Allgemeinen die Dame der unternehmende Teil. Sie werden nicht mehr lange so regungslos stehen bleiben.«

Bill hatte drei Kameras in Bereitschaft, alle drei mit aufgesetztem Teleobjektiv.

Die Schatten begannen schon länger zu werden, als das weibliche Tier Bewegungen mit dem Kopf machte, wie wenn es heftig auf das Männchen einredete. Dieses aber schien mit den Schultern zu zucken, drehte sich zur Seite und stapfte schwerfällig davon, sofort gefolgt von »ihr«.

Bills Kamera schnurrte ununterbrochen.

Das Weibchen senkte plötzlich den Kopf, und es sah aus, als wenn es den Partner mit dem Horn aufspießen wollte. Und dann standen sich beide wieder gegenüber, Nase an Nase, und bewegten feindselig schnaufend die Köpfe auf und ab.

Auf einmal setzte sich das männliche Tier wieder in Bewegung, und mit Donnergetöse kamen beide auf uns zugebraust. Keine vierzig Meter von uns entfernt machten sie unvermittelt halt, und nun schienen sie sich etwas in ihre lächerlich kleinen Ohren zu flüstern.

»Los!«, brummte Bill. »Sag ihr, dass sie wunderhübsch ist!«

Und wie auf diese Aufforderung hin begannen sie jetzt ein neckisches Spiel mit ihren gefährlich aussehenden Nasen.

»Ist das nicht eine wundernette neue Art, sich zu liebkosen?«, grinste Bill, dessen Kamera jetzt beide

Tiere ihre Rückseite mit den in gleichem Rhythmus wedelnden Schwänzchen zukehrten.

Der Oberst hielt sich die Seiten vor Lachen. »Da sehen Sie, Bailey, was sie von Ihnen halten!«

Bill aber war begeistert. »Das ist ja geradezu fantastisch! Leute, was habe ich da für eine Szene gedreht! Ich werde diesen Film ›Nashornromanze‹ nennen.«

Die Ameisen

Es war dunkel geworden. Insekten aller Art schwirrten um die Lampe, als Oberst Johnson uns Geschichten von seinen zahlreichen Safaris erzählte.

Da stand, wie aus dem Boden gewachsen, plötzlich Kali vor uns.

»Was gibt's?«, fragte der Oberst.

»Es sind Boten aus dem Dorf gekommen, das da drüben liegt.« Er wies mit dem Kinn nach Westen. »Sie bitten den Buana Doktor, sofort zu kommen; sie sagen, ein Kind werde bei lebendigem Leibe aufgefressen.«

Aus der Ferne tönte unheimlich das Alarmzeichen der Eingeborenen, gellend und furchterregend.

Schon kam Mboga mit meiner Instrumententasche gelaufen. Einer der Boten trat auf mich zu und sagte dringend: »Buana, schnell, schnell!«

In aller Eile machten wir uns auf den Weg, der zunächst über das Sumpfgelände, dann durch Dorngebüsch und schließlich durch dichtes Unterholz führte. Endlich tauchte das Dorf auf. Schon von Weitem hörten wir entsetzliches Schreien.

Als wir endlich ankamen, sahen wir eine Menschenmenge um einen sich schreiend am Boden wälzenden Jungen stehen; sie wichen scheu zurück. Die Erde um ihn herum war mit heißem Wasser getränkt, in dem sich unzählige große Ameisen wanden. Neben ihm kauerten zwei Männer, die versuchten, die Insekten von seinem zitternden Körper zu entfernen; aber sie konnten nur die Leiber fortreißen, während die todgeweihten Köpfe sich wie winzige Zangen in die Haut des armen Kindes eingefressen hatten.

Mboga sah mich fragend an. »*Kitanda,* Buana?«

Als ich nickte, drängte er sich durch die Menge und brachte nach kurzer Zeit ein afrikanisches Bett mit einer Matratze aus kreuzweise gespannten Stricken.

Ich bettete den Jungen vorsichtig darauf und legte eine Decke über ihn. Er wand sich vor Schmerzen. Eine Morphiumspritze stillte sie bald, und sein Schreien ebbte zu einem leisen Wimmern ab.

Plötzlich spürte ich einen stechenden Schmerz an meinem Bein. Der Boden wimmelte von Ameisen, und einige waren über meine Schuhe heraufgelaufen.

»Tragt das Bett in eine Hütte«, ordnete ich an und stampfte die Insekten von meinen Füßen. Ich zog das Hosenbein hoch und riss den ungefähr zwei Zentimeter langen Körper einer Ameise ab, deren Kiefer sich im weichen Fleisch der Wade bereits festgebissen hatten. Sie mussten mit einer Pinzette herausgeholt werden, erst dann hörte der Schmerz auf. Schon der eine Biss tat scheußlich weh, das arme Kind aber hatte über hundert Ameisenköpfe in seinem Körper!

Um sein Leben zu retten, musste zunächst der Schock, den es erlitten hatte, bekämpft werden, und zwar durch eine Einspritzung von Flüssigkeit in eine Vene. Aber das Wasser, das die Leute brachten, sah aus wie Tomatensuppe.

Ich gab Anweisung, einen Primuskocher, eine Kanne und zwei Tassen herbeizuschaffen, denn ich musste die Brühe destillieren.

Mboga erledigte den Auftrag in erstaunlich kurzer Zeit. Eine Tasse, die über die Tülle gestülpt wurde, diente als Kondensator, und das destillierte Wasser tropfte in einen Behälter.

Ich wunderte mich im Stillen, wieso Mboga das alles so zweckmäßig anzuordnen verstand; ich hatte es ihm niemals gezeigt. Er brachte eine Schale mit frisch sterilisierten Instrumenten, genau so, wie es im Krankenhaus gemacht wurde, und bald sah ich ihn über einen zweiten Primuskocher gebeugt.

Das Morphium tat seine Wirkung, aber trotzdem ging der Puls noch in rasendem Tempo.

Mit Pinzetten zog ich nun die Ameisenköpfe aus dem gequälten Körper, und ich bedauerte, nicht mein gesamtes Personal hier zu haben; dann wäre es erheblich schneller gegangen, und es könnten auch schon Wärmflaschen gefüllt und in Tücher eingeschlagene heiß gemachte Steine bereitgelegt werden.

So war ich sehr erstaunt, als Mboga auf einmal neben mir stand und sagte: »Buana, ich habe einen großen flachen Stein über dem Feuer heiß gemacht und sorgfältig in Tücher eingewickelt.«

»Gut gemacht, leg ihn neben den Jungen.«

»Hier sind noch zwei andere, Buana.«

»*Hongo,* Mboga, du arbeitest ja heute wie ein alter Fachmann. Woher hast du denn diese krankenpflegerischen Kenntnisse? Die hatte ich bisher nur

Simba zugetraut, aber du scheinst doch im Krankenhaus mehr mitbekommen zu haben, als ich dachte.«

Aller Kummer war aus seinem Gesicht gewichen, und in seinen Augen blitzte es schelmisch auf. Er ging zum Primuskocher zurück, und bald hatte er alles für eine Einspritzung in die Venen zurechtgemacht. Ich brach die Spitze einer Ampulle ab, goss den Inhalt in ein Viertelliter destilliertes Wasser, und im nächsten Augenblick kreiste die lebensrettende Flüssigkeit in den Adern des Kindes.

Ein Mädchen mit einem schwarzen Tuch, unter dem sich der Rücken stark hervorwölbte, stand auf einmal neben mir. Mzito!

»Hier«, sagte ich zu ihr, »halte den Arm des Jungen fest, aber so, dass er sich nicht bewegt.«

Neben der Hütte stand eine Gruppe von Leuten, die genau beobachteten, was im Innern vor sich ging. Plötzlich wurden die am weitesten vorne Stehenden beiseitegedrängt, und ein Massaikrieger mit rotem Lehm im Haar stolperte in die Hütte.

Das Mädchen, das den Arm des Jungen hielt, zog das Tuch über ihr Gesicht und schien in sich zusammenkriechen zu wollen; es zitterte an allen Gliedern, als er auf sie zukam.

»*Ondoka* – Raus mit dir!«

Ich trat zwischen ihn und das Mädchen und sah ihm ins Gesicht. Er blickte mich mit zusammengekniffenen Augen feindselig an. Auf einmal packte ihn ein kräftiger Arm von hinten an der Schulter und beförderte ihn hinaus. Ich hörte lautes Schimpfen, ein kräftiges

Ausspucken, »*Punghati*«, und dann folgte ein endloser Wortschwall.

Ich sah fragend zu Mboga hinüber, der aber stand bei seinen Geräten und schien gar nichts Ungewöhnliches bemerkt zu haben.

Der kleine Junge hatte sich so weit erholt, dass ich ihn in eine andere Lage bringen konnte, um die letzten Ameisenköpfe aus seinem Körper zu entfernen. Das Mädchen half mir dabei, aber alle ihre Bewegungen waren eigenartig verkrampft und unsicher. Als einmal das schwarze Tuch verrutschte, sah ich ein Paar hübsche dunkle Augen in einem vor Angst verzerrten Gesicht.

Sie hielt den Arm des Jungen unbeweglich fest, und die Leben spendende Flüssigkeit tropfte ununterbrochen in seine Adern. Ich ging eine neue Ampulle holen, aber als ich zurückkam und ein paar Worte mit ihr sprechen wollte, war sie fort, und an ihrem Platz stand Mboga.

Die Herztöne des Kindes waren jetzt regelmäßig, und es war außer Gefahr.

»Wem gehört das Kind, Mboga?«

»Sein Vater ist der Bruder des Häuptlings, Buana.«

Draußen erhob sich ein Gemurmel, die Neugierigen machten den Eingang frei, und herein trat ein Mann mit einer roten Decke über den Schultern.

»Buana Doktor, ich komme gerade aus dem Nachbardorf zurück. Er ist mein Sohn, und ich sage dir großen Dank. Ohne deine starke Medizin wäre mein Kind wohl gestorben.«

Es entstand wieder Unruhe vor der Tür, und ein ganz ungewöhnlich aussehender Mensch drängte sich vor. Ein hutähnliches Gebilde aus Büffelfell, das an einen napoleonischen Dreispitz erinnerte, bedeckte den Kopf und beschattete ein Paar seltsam glänzender Augen. An seinem Hals baumelte der blauweiße Deckel einer Teekanne, und seine Handgelenke waren mit Armbändern aus blechernen Kronkorken geschmückt. Die Hüfte umwand ein Tuch, das aus Kattun und Sackleinen zusammengenäht war, auf dem noch die Namen bekannter Mehl- und Zuckersorten zu lesen waren. Mit tiefer Stimme sagte er:

»Die Europäer haben *nhokwa nhokwa* getötet, und die Ahnen rächen sich, indem sie die Ameisen schicken.«

Er sprach wohl von dem großen, einem Truthahn ähnlichen Vogel, den wir gestern mit so gutem Appetit verzehrt hatten.

Dem Jungen hatte er ein Amulett, eine fettige Schnur mit einem Stückchen Hartholz daran, um den Hals hängen lassen, und ähnliche Schutzmittel gegen bösen Zauber hatte ich auch an seinen Fußgelenken festgestellt.

»Es ist natürlich ärgerlich für einen Medizinmann«, gab ich ihm in seiner Sprache zurück, »wenn er erkennen muss, dass seine Mittel den Zorn der Ahnen nicht bannen können.«

»*Heh*«, sagte Mboga in einem anderen Dialekt, »die Ameisen kümmern sich nicht um den Zauber dieser lebenden Vogelscheuche, Buana.«

Ich wandte mich an den Vater des Jungen. »Lass ihn

ruhig schlafen und sorge dafür, dass in seiner Nähe kein Lärm gemacht wird. Schick die Leute von der Hütte fort; und hier hast du noch Medizin, die du ihm zu schlucken gibst, wenn er wieder wach ist.«

Der Medizinmann ging als Letzter, mich böse anblickend.

»Ist es üblich, ihn für seine Dienste zu bezahlen?«, fragte ich den Vater.

Er sah mich groß an. »Ja, aber wie soll ich dir bezahlen, was du für meinen Sohn getan hast, Buana? Möchtest du ein paar Kühe?«

Ich schüttelte den Kopf. »Nein, doch ich möchte, dass mich jemand an die Stelle führt, die man *Ha-ndege,* Platz der Vögel, nennt.«

Ein Ausdruck höchster Bestürzung erschien auf seinem Gesicht.

»Buana, das ist ganz unmöglich!«

»Bedenke, dass dein Sohn leben bleibt, und zwar durch die Medizin, die ich ihm gegeben habe!«

Da murmelte er: »Wir müssen noch darüber sprechen, Buana.« Er blickte scheu zur Tür, besorgt, dass jemand meine Bitte gehört haben könnte.

Als wir durch das dunkle Dorf gingen, setzte lautes Trommeln ein. Bei dem unheimlichen Rhythmus konnte es einem kalt über den Rücken laufen. Das Licht der Sturmlaterne ließ die Dunkelheit nur noch schwärzer erscheinen, aus der sicher neugierige Augen scharf zu uns herüberblickten.

»Heee!«, knurrte Mboga, als wir die letzten Hütten hinter uns ließen. »Ich möchte lieber durch Sumpf und

dichten Urwald gehen als durch dieses Dorf; *yoh*, ich bekomme eine Gänsehaut!«

Er hatte die Worte kaum ausgesprochen, als aus der Dunkelheit heraus eine Hand ihn fest am Arm packte. Vor Schreck ließ er die Laterne fallen, und wir standen in völliger Finsternis.

Da hörten wir belustigtes Lachen und eine wohlbekannte, freundliche Stimme: »Buana, ich bin es, Tadayo; ich habe hier in der Nähe jemanden, der mit dir allein sprechen möchte.«

»Mboga, bleib hier, steck die Laterne wieder an und warte, bis ich zurückkomme.«

»*Koh*«, sagte er ängstlich, »das ist aber kein Platz, an dem man gern allein bleibt!«

Tadayo führte mich an der Hand durch tiefe Dunkelheit auf eine kleine Lichtung, auf der eine Frau kauerte. Ich knipste meine Taschenlampe an, aber Tadayo hielt die Hand vor die Lampe. »Buana, mach sie aus; die Leute aus dem Dorf dürfen nicht wissen, dass wir hier sind.«

Der kurz aufgeblitzte Lichtschein hatte mir ein Bild des Jammers gezeigt – Mzito ohne das verhüllende schwarze Tuch! Zwischen den Schulterblättern wölbte sich die riesige Geschwulst, und über Wange, Hals und Schultern liefen dunkle blutunterlaufene Striemen.

»Buana, der Massai, der sie gekauft hat, hat sie mit einer Lederpeitsche geschlagen wegen der Worte, die sie vor ein paar Abenden sprach, als du die Bilder zeigtest. Jetzt hat er aber viel Bier getrunken, und sein Verstand ist weg, und da sagt sie, das sei eine gute Gelegenheit, dir ihr Gebrechen zu zeigen.«

In der Dunkelheit tasteten meine Finger die Geschwulst ab. Sie hatte die Größe eines drei Monate alten Kindes, war hässlich und lästig, aber nicht bösartig. Durch eine Operation würde sie sich entfernen lassen, und ich sagte es ihr.

»Buana«, hörte ich ihre erstaunlich wohlklingende Stimme, »die andere Last ist von mir genommen.«

»Die andere Last?«

»*Eh-heh,* man kann sie nicht sehen, aber *ehh!* sie drückte schwer da innen. Sie ist fort, Buana! Man hat mir die Worte Gottes erklärt, und ich habe sie verstanden und befolgt.«

»Buana, wir müssen zurück!«, drängte Tadayo.

»Sofort. Gottes Segen auf deinem neuen Lebensweg, Mzito! Und mit Seiner Hilfe wirst du auch eines Tages von der Last befreit werden, die dich jetzt noch drückt.«

Die beiden verschwanden lautlos im Dunkel, und ich ging zu dem schon ungeduldig wartenden Mboga zurück.

»Was war denn los, Buana?«

Ich erzählte es ihm, und er seufzte tief.

»Buana, hast du schon einmal gefühlt, wie dein Herz nach einem lieben Menschen rief?«

Die Elefanten

Es war ein seltsamer Weg zum Lager zurück. Der inzwischen aufgegangene Mond stand bleich am Himmel, und unsere Laterne war nichts weiter als ein heller Fleck in der geisterhaften Helle. Heuschrecken zirpten, und Frösche quakten, und von jenseits des Moores drang das Gebrüll eines Löwen herüber.

In Mboga war eine so starke Veränderung vorgegangen, er sprudelte nun vor Temperament und Begeisterung über.

»Buana, ich brauche vierhundert Schilling!«

»Vierhundert Schilling, ›Spinat‹? Wofür?«

»Ich möchte jemanden kaufen.«

»*Was* möchtest du kaufen?«

Ich riss ihn an der Schulter herum und hielt ihm die Laterne dicht vors Gesicht, sodass ich seine Züge genau erkennen konnte. Er schloss die Augen, und nun sah er sehr traurig aus.

»Ich möchte eine Frau kaufen, Buana.«

»Eine Frau kaufen? Das kannst du doch nicht! Du …«

»Buana, für vierhundert Schilling kann ich ihre Freiheit kaufen.«

»Du kannst sie freikaufen, aber weiter kannst du doch nichts tun, Mboga.«

»Das soll ja auch nur der erste Schritt sein, Buana; denn sie lebt in größtem Elend. Der Mann, der sie von ihren Verwandten gekauft hat, ist schlimmer als eine Hyäne; er hat sie wegen ihrer Last zwischen den Schultern ganz billig bekommen.«

Er spuckte mit so glühendem Hass aus, dass ich fast erwartete, es würden Funken auf dem Weg aufblitzen.

Dann fasste er mich plötzlich am Arm. »Buana, sieh, dort hinten!« Keine dreihundert Meter vor uns, in dem trüben Licht nur schwach erkennbar, bewegten sich im Sumpfgelände die dunklen Rücken einer riesigen Elefantenherde.

»*Kah*«, flüsterte er aufgeregt, »sie kommen auf uns zu, Buana; wir müssen schnell auf diesen großen Felsblock klettern!«

Es lag etwas Gespensterhaftes in der Art, in der dann die großen Tiere, mindestens hundert an der Zahl, unter uns vorbeizogen, während wir, überwältigt von dem Anblick, auf dem Felsen standen.

Ich hörte Mboga einen Laut der Überraschung ausstoßen, und mir wollte das Herz stillstehen, als ich plötzlich von hinten einen Griff an meiner Schulter spürte. Ein Elefantenrüssel! Aber dann hörte ich Kalis Stimme. »*Kah,* ich bin es nur. Gott sei Dank, dass du in Sicherheit bist, Buana!«

»Na, hier oben kann uns doch nichts passieren!«

Aber Kalis Stoßseufzer hatte einen anderen Grund. »Buana«, er verzerrte sein Gesicht ganz jämmerlich, »mein Zahn tut mir furchtbar weh!«

»*Kah,* meine Sicherheit liegt dir ja sehr am Herzen! Zuerst jagst du uns einen schönen Schrecken ein, und dann erfahren wir, dass dein Zahn wehtut!«

»Nicht so laut«, flüsterte Kali, »die ganze Gegend ist voller Elefanten. Buana Kodaki ist nicht weit von hier und wartet darauf, dass es hell wird, um Bilder zu machen. Buana Johnson ist bei ihm. Sie sagen, du solltest die kleine Maschine mitbringen, die alle Geräusche aus der Luft holt und festhält.«

Inzwischen war der Mond untergegangen, und wir folgten Kali durch tiefe Dunkelheit. Es war erstaunlich, wie er sich zurechtfand. Bis zur Dämmerung waren es noch zwei Stunden. Die erste brauchten wir für den Rückweg ins Lager, die zweite für meine Betätigung als Zahnarzt, also die schmerzlose Entfernung dessen, was Kali den »Feind seiner Wange« nannte.

Johnson hatte nämlich angeordnet, dass alles absolut geräuschlos und höchstens beim schwachen Schein eines kleinen Lämpchens vor sich zu gehen habe, denn keine fünfzig Meter entfernt suhlten Elefanten im Schlamm und trompeteten dröhnend durch die Nacht.

So musste ich mich auf den Tastsinn verlassen, als ich Kali einige schmerzstillende Spritzen um den Zahn herum setzte. Er flüsterte mir zu: »Buana, das ist eine komische Medizin. Der Tod kommt in mein Gesicht!«

»Nicht der Tod, nur Betäubung. Jetzt mach den Mund ganz weit auf!«

Mboga beugte sich von hinten über ihn und sagte: »Wenn du den Buana beißt, beiße ich dich!«

Ein Elefant trompetete schrill, gar nicht weit von uns.

»Nur Mut, Kali, hab keine Angst!«, ermunterte Mboga ihn.

Ich setzte die Zange an, und nur einen Augenblick später konnte Kali seinen respektablen Backenzahn betrachten.

»Lieber einem Elefanten einen Stoßzahn ziehen als noch einmal eine solche Schinderei!«, stöhnte ich, mir das Handgelenk reibend.

Als hätten die Dickhäuter das gehört und als Beleidigung aufgefasst, liefen sie plötzlich davon und brachen krachend durch das Unterholz. Kali führte mich zu der Stelle, an der unsere Freunde auf der Lauer lagen.

Bill war schwer enttäuscht.

Der Oberst setzte sich auf einen Feldstuhl und sagte: »Gehen Sie oben in Deckung, Doktor, und schalten Sie das Aufnahmegerät ein. Wir werden vielleicht noch stundenlang hierbleiben, denn hier haben wir nachher das beste Licht. Von der lieblichen Musik, die der letzte Chor angestimmt hat, habe ich schon dreihundert Meter Band aufgenommen.«

Den ganzen Tag über war das weite Sumpfgebiet von riesigen Elefantenherden belebt; sie trompeteten, klatschten mit den großen Ohren und gossen sich mit dem Rüssel Wasser über den Rücken.

Zwischen ihnen stolzierten weiße Reiher einher, die aussahen wie gebleichte Seemöwen. Es war ein lärmerfüllter Elefantentag ohne besondere Höhepunkte, nur dass dann und wann von weit hinter der Herde ein schriller Schrei herüberdrang.

Bill erwischte mit seiner Kamera eine Elefantenmutter, die ihr Baby in eine seichte Sumpfstelle hineinzutreiben versuchte. Es wollte aber nicht so recht, und die Mutter schubste es mit den Knien vorwärts. Plötzlich brach das Junge laut quiekend seitwärts aus und lief weg; die Mutter aber fasste es mit dem Rüssel am Schwänzchen, ging langsam rückwärts ins Wasser und zog den widerspenstigen Sprössling mit hinein. Dort blieb er kläglich wimmernd stehen, während die Mutter ihm schmutziges Wasser über Kopf und Rücken goss. Als sie sich einen Augenblick von ihm abwandte, platschte er quiekend aufs Trockene zurück. Drei große Elefanten schauten ihm nach, als wenn sie sagen wollten: »Was sich die Kinder heutzutage nicht alles herausnehmen!«

Bill hatte die ganze Szene mit vor Freude strahlendem Gesicht filmen können, und ich konnte mir den Filmtitel denken: »Badetag bei Elefantens.«

Als die Dämmerung hereinbrach, erhoben sich zwei müde und unrasierte Gestalten aus ihrem Schlupfwinkel.

»Achthundert Meter Elefantenfilm, Doc!«, triumphierte Bill, als wir uns im Lager wieder trafen. »Haben Sie gesehen, wie Mama dem widerspenstigen Balg die Ohren wusch?«

Bevor ich antworten konnte, erschien Mboga mit zwei großen Kanistern, die mit heißem Wasser gefüllt waren, und fragte die beiden müden Krieger in sorgfältig eingeübtem Englisch:

»Brausebad gefällig, meine Herren?«

Bald kamen von der Kochstelle würzige Düfte herübergeweht. Ich ging hin, um nachzuschauen.

»Was machst du denn da, Mboga?«

»Buana, das Warzenschwein war sehr unvorsichtig, und der Speer ...«

Er brach plötzlich ab und wählte seine Worte anders. »Ein Jäger hier aus der Gegend hat heute Morgen mit seinem Speer ein Warzenschwein getötet, und ich koche es so, dass der Magen des Buana Kodaki Freude haben wird.«

Die dicken Steaks auf dem Bratrost sahen sehr appetitlich aus.

»Hör mal, ›Spinat‹, wenn Buana Kodakis Magen sich freuen soll, ist es sehr wichtig, dass das Fleisch auch zart ist. Woher willst du denn wissen, ob das Warzenschwein nicht ein ganz alter Angehöriger seines Stammes war?«

Mboga lächelte.

»Buana, der Jäger, der mein Freund ist« – er sah mich unsicher an, aber ich tat, als ob ich nichts merkte – »und ich, wir verstehen etwas davon. Das Fleisch haben wir in Melonenblätter eingepackt und mit Melonenkernen bestreut. Es hat an einem kühlen Platz unter einem großen Felsen gelagert, und schau, Buana, ich habe auch eine besondere Würze für das Fleisch gekocht. Das habe ich von dem alten Koch Tembo gelernt.«

Er hob den Deckel von einem Kessel; er enthielt Apfelmus.

»Und das hier, Buana!«

Er brachte einen ganzen Topf voll Röstkartoffeln zum Vorschein.

»*Hongo,* du hast dir aber große Mühe gemacht, Mboga.«

»*Eh-heh,* Buana«, sagte er lächelnd, »es bringt Freude, den großen Buana zufrieden zu machen. Und ich brauche ja auch vierhundert Schilling! Ist man nicht besonders gut aufgelegt, wenn man gut gegessen hat? Wenn der Magen mit guten Sachen gefüllt ist, stehen die Taschen weit offen.«

Er wendete die Steaks vorsichtig. »Buana, ich habe den Tisch schon gedeckt, und in wenigen Minuten wird alles fertig sein.«

Ich ging zu den beiden Männern hinüber, die inzwischen ein Urwaldbrausebad genommen hatten und ziemlich erfrischt waren. Als Küchendüfte herüberwehten, zog der Oberst erstaunt die Augenbrauen hoch, und seine Nasenflügel zuckten. Bailey jedoch machte seiner Überraschung in Worten Luft.

»Ja, das ist ein Gedicht für die Nase! Ich nehme an, dass Mboga zum Abendessen Eier mit Schinken bereitet, das große englische Frühstück. Na, es könnte noch schlimmer kommen, aber« – er schloss genießerisch die Augen – »ich werde dabei an ein kleines Haus in Arizona und ein saftiges Schweinesteak denken, das kaum auf den Teller passt und zwei Finger dick ist!« Er blickte verträumt in die untergehende Sonne.

Mboga, angetan mit Ibrahims langem weißen *kanzu,* trat feierlich heran und sagte, sich tief verneigend, in diesmal etwas verunglücktem Englisch:

»Das Dinner ist seziert, meine Herren!«

»Wo ist denn Ibrahim?«, fragte Bill.

»Heute hat Mboga Wert darauf gelegt, Koch zu spielen.«

Der Oberst nickte bloß, aber Baileys Augen wurden groß und größer, als er sah, was alles auf seinem Teller lag.

Der Oberst strahlte. »Apfelmus, ja?«

Als wir einige Zeit später Messer und Gabel auf unsere leer gegessenen Teller legten, lächelte er mich an. »Ein bemerkenswertes Essen, Doktor!«

Bill sah mit kritischen Blicken zur Kaffeekanne hin. »Das haben Sie gesagt, Oberst, aber es könnte total verpfuscht werden, wenn diese Kanne das enthält, was ich fürchte. Den ganzen Tag habe ich den von Elefanten aufgewirbelten Dreck gesehen, und ...« Er brach ab.

Mboga hatte den Kopf zur Seite geneigt und beobachtete ihn gespannt. Bill nahm seine Tasse und probierte. Dann sah er zu Mboga auf. »Sag mal, du hättest den Orden vom Goldenen Kaffeekessel verdient!«

Der Afrikaner erriet wohl den Sinn der Bemerkung, wandte sich aber an mich.

»Welche Worte hat der Buana gesprochen?«

»Er lobt dich in den höchsten Tönen, Mboga!«

»Buana, meinst du, der Köder für meine Falle ist gut gewesen?«, fragte er dann mit breitem Lächeln.

»Wundervoll! Ich bin für mehr Fallen dieser Art.«

»Was meinst du, Buana, wann ich mit meinem Leopardenfell kommen soll?«

»Am besten sofort! Vielleicht hat Buana Kodaki mit zu viel Begeisterung gegessen, sodass ihn nachher der Magen kneift. Jetzt ist die richtige Zeit.«

Er verschwand unauffällig und kam kurz darauf mit einem wunderschönen Leopardenfell zurück.

»Großer Buana«, begann Mboga, »ich brauche sehr nötig viele Schilling.« Ich übersetzte. Bill lehnte sich in seinen Stuhl zurück und hörte zu. »Dies ist ein Leopardenfell ohne Fehler. Ein Fell wie dieses ist nur etwas für einen großen Häuptling oder sonst jemanden von großer Bedeutung. Es ist eine rechte Freude für die Augen.«

Er breitete es vorteilhaft über dem Arm aus.

»Was ist es wert, Oberst?«

»Es ist ein sehr schönes Fell. Ich würde sagen: mindestens zweihundert Schilling.«

Mbogas Augen leuchteten auf.

»Ungefähr fünfunddreißig Dollar«, murmelte Bill. Er beugte sich vor, aber bevor er ein Wort sagen konnte, wurden wir durch das unheimlich nahe Gelächter einer Hyäne aufgeschreckt. Mboga rannte zur Feuerstelle, musste aber feststellen, dass die Fleischportionen, die er für sich selbst, für Ibrahim und für Kali zurückgelegt hatte, verschwunden waren. Bill machte das riesigen Spaß; er ließ es sich aber nicht anmerken.

»›Spinat‹«, sagte er, »du hättest etwas Besseres verdient. Ich will dir zweihundert Schilling für das Fell geben, und wenn du mir eine Hyäne so vor die Kamera bringst, dass ich einen hübschen Film drehen kann, bekommst du weitere hundert.«

Ich übersetzte. »Der Buana hat den starken Wunsch, dass du eine geschickte Hyänenfalle machst, eine, die Futter für die Kamera liefert.«

Mboga nickte eifrig. »*Nghu! lumba muno muno* – ich sage ihm großen Dank!«

»Bill, er ist einverstanden.«

Dann saßen wir noch zwei Stunden lang um den Tisch und hörten Oberst Johnson zu, der uns von seinen Abenteuern mit Elefanten erzählte.

Als er sich erhob, sagte er: »Wir wollen jetzt schlafen gehen. Morgen früh um drei Uhr müssen wir wieder in unserem Versteck sein, Bailey, und keine Minute später.«

Ein Stein

Der Jeep schlidderte heftig, und die Räder schleuderten Schlammfetzen hoch.

»Raus und schieben, damit er nicht stecken bleibt!«, rief Johnson.

Mit vereinten Kräften bewegte sich der kleine starke Wagen weiter; doch plötzlich kippte er nach vorn ab, blieb stecken, und wir standen bis an die Knie im Schlamm.

Da näherte sich vom nahen Hügel her Mboga mit zwanzig Afrikanern.

»›Spinat‹ hat die nützliche Gabe, immer im rechten Augenblick zu erscheinen«, sagte Bill lachend und legte seine Kamera weg. Ein im Schlamm festsitzender Wagen bedeutete für ihn lediglich ein willkommenes Objekt für interessante Aufnahmen.

»Schöner Titel für den Streifen: ›Zu dick zum Schwimmen, zu schwach zum Laufen.‹«

Kali hatte ein starkes Seil um die Vorderachse geschlungen. Mboga kam auf mich zu.

»Buana, M'falme, der Häuptling des Dorfs, hat eine Krankheit, die ihm viele Schmerzen macht. Für ihn haben die Mittel des Medizinmanns keine Kraft. Er hat große Angst zu sterben.«

»Sag den Leuten, sie sollen uns erst mal hier rausziehen. Dann können wir weiterreden.«

Sie waren sofort bereit. Einige zogen, andere hoben

und schoben, und alles geschah mit Gesang. Die Räder drehten sich rasend, und die Auspuffgase stanken entsetzlich.

»*Na vilungu!* – Hau ruck!«, brüllte Mboga. Mit saugendem Geräusch kam der Wagen plötzlich los und schoss mit Vollgas eine kleine Anhöhe hinauf. Ein kräftig gebauter Mann, von oben bis unten mit Lehm bespritzt, rief uns zu: »Kommt mit uns! Dies ist der Weg zum Dorf!«

Es ging durch ziemlich unwegsames Gelände; Hunderte von Metern weit war der Boden von Elefantenherden zertrampelt; dann wieder mussten entwurzelte Bäume beiseitegeschafft werden.

Endlich kamen die großen bienenkorbähnlichen Hütten mit ihren Grasdächern in Sicht.

»*Hee,* Buana, halt!«, rief Mboga und nahm den Sanitätskasten vom Wagen.

Vor der größten der Hütten standen mehrere Dorfälteste; ich grüßte sie höflich, und sie antworteten ebenso höflich.

Aus dem Innern drang lautes Stöhnen. Ein alter Mann führte mich, und auch Bill, der dicht hinter mir ging, hinein.

»Nur ja nicht fotografieren da drinnen«, wisperte ich ihm zu, »wir sind hier auf sehr kritischem Boden.«

Auf einem roh gezimmerten Bett wälzte sich, wilde Blicke um sich werfend, ein Mann in mittleren Jahren. In einer Ecke standen dicht gedrängt mindestens zehn Afrikaner. Ich stellte eine Reihe Fragen in der Suaheli-Sprache.

»Hat er die Schmerzen im Rücken? Sind sie von einer Stelle zur anderen gewandert? Hat er geblutet?«

Es kam keine Antwort, denn der Kranke wälzte sich, von rasenden Schmerzen gepeinigt, wieder schreiend und stöhnend herum.

Ich fragte Mboga: »Glauben sie, er sei verhext?«

»*Eh-heh,* Buana. Sie sagen, es sei *pepo,* ein böser Geist. Wenn du hinausgehst, kannst du das kleine Geisterhäuschen sehen, das sie gebaut haben, um die Ahnen zu versöhnen.«

»Das ist ja ein starkes Ding, die Ahnen hierfür verantwortlich zu machen! Er hat ganz einfach einen kleinen Stein, der versucht, aus seiner Niere herauszukommen, und *yoh! heeh!* der Schmerz! Aber wenn wir ihm ein Mittel geben können, damit das kleine Röhrchen, das im Körper von der Niere nach unten führt, locker und geschmeidig wird, dann kann der Stein durchrutschen.«

»*Yoh!*«, wunderte sich Mboga. »Hast du denn eine solche Medizin?«

»Ja, hier ist sie!«

Ich rieb M'falmes Arm mit einem kleinen Wattebausch ein und gab ihm eine Spritze. Er brüllte wie ein Stier am Spieß: »*Yoh! Kah! Heeeh!* Ich werde erstochen!«

Im Hintergrund sah ich einen Speer aufblitzen und stand auf.

»Großer Häuptling«, sagte ich laut, »durch die Nadel, mit der ich dich gestochen habe, tritt die

Medizin in deinen Körper. Es dauert fünf Minuten, bis sie ihr Werk getan hat. Du musst ganz still liegen bleiben.«

Die feindselige Stimmung, die jetzt in der Hütte herrschte, war fast mit Händen zu greifen. Ich sah wieder den Speer, dessen Spitze auf mich gerichtet war. Noch nie waren mir die Minuten so entsetzlich langsam dahingeschlichen wie jetzt. Der Häuptling lag da und stöhnte. Dann begann in unheimlichem Rhythmus eine Trommel zu schlagen. In der Dunkelheit, außerhalb des kleinen Lichtkreises, den die rauchige Sturmlaterne warf, erhob sich dumpfes Gemurmel.

»*Eeeh, eeh, eeh,* die Schmerzen!«, stöhnte M'falme.

Auf einmal hob er den Oberkörper; die eine Hand presste er in die Seite, mit der anderen strich er sich über den dünnen Leib. Auf seiner Stirn standen Schweißperlen, seine Augen waren schmerzverzerrt. An seinem Hals und an den Fußgelenken sah ich ähnliche Amulette wie bei dem kleinen Jungen. Während ich über die Sinnlosigkeit solcher dem Aberglauben entsprungener Zaubermittel nachdachte, hörte ich jemanden sagen: »Seine Schmerzen hören nicht auf. Die Medizin des Buana hat keine Kraft, seine –«

»*Oooooh!*«, fiel da des Häuptlings Stimme ein. »Es wird besser! Der Schmerz hört auf zu reißen! Buana, das ist gute Medizin!«

Ich sah, wie die Speerspitze sich langsam senkte; das Trommeln draußen ging weiter. Ich lauschte einige Minuten dem monotonen Rhythmus und wandte mich an unseren Patienten.

»Großer Häuptling, wie ist es denn jetzt mit den Schmerzen?«

»Buana, ich spüre sie noch etwas im Rücken, aber es ist längst nicht mehr so, als wenn die Geister mich in Stücke reißen wollten.«

»Du musst jetzt viel Wasser trinken, Häuptling.«

Eine volle Kürbisflasche wurde ihm gereicht, und er trank sie fast leer. Ich nahm zwei Pillen aus meiner Tasche und gab sie ihm. Er schluckte sie ohne Widerrede.

»Es wird nicht lange dauern, dann wirst du noch einmal einen sehr starken Schmerz spüren; dann will nämlich der kleine Stein aus deinem Körper hinaus, und dieser Stein ist die Ursache all deiner Leiden.«

»*Yoh*, Buana, woher weißt du denn das alles?«

»Der Buana ist ein kluger und gelehrter Mann!«, antwortete Mboga ihm. »Er kennt die Ursachen der Krankheiten; er kennt auch die Arzneimittel, die sie heilen, er ...«

Ein dumpfes Gebrüll, das in ein schrilles Schreien überging, schnitt ihm das Wort ab. Und dann schien der Kranke eine gewisse Zeit lang intensiv mit sich beschäftigt.

Als alles erfolgreich überstanden war, hielt Mboga ein raues, hartes kleines Ding zwischen den Fingern, das wie ein Dattelkern aussah.

»*Kah*, das war also der Übeltäter!«

M'falme lag erschöpft und tief atmend auf seinem Bett.

»Reib dir das Ding mal über die Wange, ›Spinat‹.«

Er tat es auch prompt. »*Yoh*, das kratzt aber!«

»Nun kannst du dir vorstellen, wie weh es tut, wenn so ein Stein sich aus der Niere durch die feinen und weichen Röhrchen bewegt, die noch viel empfindlicher sind als die Schleimhäute deiner Nase.«

Mboga legte den Stein beiseite, der Häuptling stöhnte noch einmal und flüsterte dann: »Buana, deine Medizin hat aber große Kraft!«

»*Naheeh!*«, erscholl aus dem Hintergrund ein ganzer Chor von Stimmen. »Der Buana hat unseren Häuptling wieder gesund gemacht!«

Als wir uns wieder hinaus ins Freie begaben, trat aus der gegenüberliegenden Hütte ein seltsam aussehender alter Mann. Er ging mit steifen Beinen, Arme und Hände zitterten, Mund und Augen wurden durch ununterbrochenes Zucken verzerrt.

Bill klatschte sich plötzlich auf den nackten Unterarm, und im gleichen Augenblick spürte ich einen stechenden Schmerz im Nacken.

»*Eh-heh*«, sagte Mboga, »wir sind hier wohl wieder in einer Gegend mit Tsetsefliegen!«

Der Kranke stand zitternd vor uns. Mit belegter Stimme sagte er schließlich: »Buana, hast du auch Medizin für mein Leiden?«

Ich legte ihn mit Mbogas Hilfe auf eine Matte aus Palmblättern und untersuchte ihn sorgfältig. Er hatte geschwollene Drüsen unter den Achseln, im Nacken, in der Lendengegend, und die Milz war stark geschwollen. Bei der weiteren Untersuchung wurde mir klar, dass es zu spät war. Die Schlafkrankheit hatte seinen Körper schon zu sehr verwüstet.

Der alte Mann sah mich mit ergebenem Blick an. Bailey zog fragend die Augenbrauen hoch. Ich schüttelte den Kopf. »Ich kann nichts machen, Bill, gar nichts!«

»*Hongo,* Buana«, sagte einer der Nachbarn, »es sind viele, viele in unseren Hütten, die diese Krankheit haben.«

»Morgen bin ich wieder hier, um nach dem Häuptling zu sehen. Dann sollen sie alle kommen, damit wir sie untersuchen können.«

»*Eh-heh,* Buana!«

Am nächsten Morgen saß der Häuptling im Schatten seiner Hütte in einem alten Liegestuhl. Unter einem Mangobaum stand eine Gruppe von Menschen, die er einzeln heranwinkte.

Der Erste war ein abgezehrter alter Mann mit einem gelähmten Bein, den sie auf einer behelfsmäßigen Bahre brachten. Er war fast bewusstlos, und seine Augen blickten starr.

Der Häuptling wies mit dem Kinn zu ihm hin. »So ist er schon seit vielen Tagen, Buana.«

»*Hongo,* gibt es noch mehr wie ihn hier im Dorf?«

»*Eh-heh,* es gibt noch drei, und seit dem letzten Herbst sind ungefähr zwanzig gestorben. Ist es bei allen die Schlafkrankheit, Doc?«

»Ja. Der Mann, den wir gestern sahen, ist unheilbar, und mit diesem hier wird es ähnlich sein. Da können Sie sehen, was für Verheerungen die Tsetsefliege anrichtet. Großer Häuptling, dies ist eine Krankheit, die durch den Biss von *m'bungo*, der Tsetsefliege, verursacht wird.« Dann gab ich Mboga ein Zeichen, worauf er verschwand.

»*M'bungo* ist ein Insekt von großer Gefahr; das müsst ihr alle wissen. Mit seinem Biss bringt es in euren Körper einen *dudu*, der wächst und sich schnell vermehrt. Und eines Tages sind es so viele geworden, dass ihr krank werdet. Zuerst wird die Bissstelle wund; sie juckt, und ihr bekommt Fieber und mögt nichts mehr essen …«

»*Eh-heh*«, unterbrach mich der Häuptling, »diese Dinge kennen wir, aber die kommen nicht vom Biss eines *dudu*, Buana!«

»Das tun sie wohl! Nur davon sind die Leute krank und die anderen gestorben!«

Er schüttelte den Kopf. »Buana, das kann nicht sein.«

»Doch, großer Häuptling, es ist so. Ich weiß, dass es Leute gibt, die sagten, das sei das Werk böser Geister, aber mit meiner Maschine, die kleine Dinge groß macht, könnte ich es zeigen.«

In diesem Augenblick kam sein kleiner Sohn hinzu und stellte sich neben ihn. Er sah krank aus, schmiegte sich eng an seinen Vater, und ich sah deutlich, dass er zitterte.

»Großer Häuptling, sieh dir deinen Sohn an; fühle mit der Hand an seinen Nacken, ob er nicht geschwollen ist.«

Er tat es und nickte dann.

»Dein Sohn hat wahrscheinlich diese Krankheit. Solange sie noch nicht schlimmer ist, können wir ihm noch helfen und sein Leben retten. Du hast sicher davon gehört, dass wir auch den Sohn des Häuptlings eines Dorfs weiter im Westen durch unsere Medizin gerettet haben. Wenn wir abwarten, wird dein Sohn bald aussehen wie der Mann da drüben. Warte noch länger, und er ist nur noch ein hohler Baum!«

Mboga kam mit zwei Stücken Holz in der Hand; er flüsterte mir etwas zu und gab mir eines davon.

»Großer Häuptling, du siehst dieses Holz«, sagte ich.

Die Leute drängten sich heran.

»Es sieht aus, als wenn es hart und stark wäre; aber nimm es in die Hand, und du merkst, dass es dafür viel zu leicht ist.«

Der Häuptling nickte und murmelte das Wort *»mimehe«*.

»Du hast recht!« Ich zerbrach es über dem Knie, und an der Bruchstelle wimmelte es von weißen Ameisen.

»Die arbeiten schon viele, viele Tage in dem Holz«, sagte der Häuptling.

»Allerdings. Aber sieh dir dieses andere Stück an.«

Mboga reichte es mir. Es war hart und schwer. Ich versuchte mit aller Kraft, es zu zerbrechen, aber es hielt stand, obwohl an einer Stelle die weißen Ameisen bereits am Werk waren.

»Yoh!«, rief der Häuptling. »Hier hat *mimehe* noch wenig Schaden angerichtet!«

»Was könnte ich wohl tun, damit sie aufhören?«

»Du könntest Medizin in die Löcher gießen. Dann laufen sie fort, oder sie sterben.«

»Siehst du! Und ich meine, dein Kind ist wie dieses feste Stück Holz; der alte Mann ist wie das andere! Wir können das Kind mit unserer Medizin retten, aber bei dem Alten ist es zu spät.

Großer Häuptling«, fuhr ich fort, »es hat mir Freude gemacht, dich in deinem Dorf zu besuchen und dir meine Medizin zu geben; aber bevor wir euch verlassen, will ich dir sagen, dass ich hier noch eine starke Medizin habe, die denen Trost geben wird, die schlimme Geschwüre haben.«

»*Heeh!*«, rief ein Mann, den zahlreiche hässliche Geschwüre entstellten, »Buana, lass mich diese Medizin nehmen! Meine Haut ist sehr, sehr krank.«

Der Häuptling nickte.

»Dieser Mann, Häuptling, soll die Medizin bekommen. Die Leute im Dorf mögen sehen, wie sie hilft, und wenn ich wiederkomme, wollen vielleicht auch andere sie haben.«

Zahlreiche neugierige Augen verfolgten gespannt jede meiner Bewegungen, als ich dem Kranken eine tüchtige Dosis Penizillin einspritzte.

Er grinste, als ich die Nadel herauszog. »Buana, von deiner Medizin sollen viele hören, und noch viel mehr wollen sie bestimmt haben, wenn du zurückkommst.«

Wir wurden mit großer Herzlichkeit verabschiedet. Der Häuptling gab mir noch zwei magere Hühner und eine Kürbisflasche voll Eier mit – von denen sich später zehn als verdorben herausstellten.

Der Leopard

Bill saß schreibend am Lagertisch, Mboga und Ibrahim spülten das Geschirr, während Tembo, der Koch, das Fleisch so hoch an einen Ast hängte, dass es vor Hyänen sicher war.

Von Neuem war das widerliche Gelächter zu hören, diesmal aber beträchtlich näher. Bill stand auf und schüttelte die geballte Faust in der Richtung, aus der es kam.

»Lach nur, du Ekel. Du wirst bald weinen, und Hunderttausende werden über dich lachen, wenn ich dich auf meinem Filmstreifen habe!«

Von der Küchenecke her hörte ich verhaltenes Kichern. Oberst Johnson und Kali reinigten die Gewehre. Ich sah träumend ins Feuer und freute mich über das abendliche Konzert, das uns der Urwald freigebig darbot.

Der Oberst packte seine Sachen zusammen und kam zu mir.

»Der Lastwagen mit dem Nachschub kommt morgen an. Der Inder Suliman ist ein sicherer Fahrer und ein guter Kerl; er nimmt immer gern ein bisschen Fleisch mit. Gut, dass ich gestern ein paar Böcke und Zebras geschossen habe.«

Im aufflackernden Feuerschein sah ich zufällig, wie bei diesen Worten Ibrahims Gesicht für einen Augenblick einen eigentümlich interessierten Ausdruck annahm.

Bill hatte aufgehört zu schreiben und nahm den Bogen in die Hand. »Kommen Sie herüber, Oberst, ich möchte Ihnen die Szenenfolge meines Hyänenfilms vorlesen.

Zuerst eine Großaufnahme von Mboga, der seine Falle vorführt. Dann einige Meter Jeep, der in der Morgendämmerung abfährt, mit einigen Bäumen am Horizont. Dann pirschen Sie mit Kali durchs Gelände; Großaufnahme, wie Sie ein Tier aufs Korn nehmen und abdrücken. Kali trägt das Tier fort. Und dann kommt als Höhepunkt der Hyänenfang und das Tier in der Falle.«

In diesem Augenblick schlich eine widerlich aussehende Kreatur, deren Hinterbeine verkrüppelt zu sein schienen, vorbei, einen ekelerregenden Gestank von verwesendem Fleisch verbreitend.

Ich sah Kalis Armmuskeln sich spannen, und dann zischte sein Jagdmesser durch die Luft. Aber das Tier wich geschickt aus und verschwand im Dunkel.

»Abscheuliche Aasfresser«, sagte der Oberst. »Sie töten auch frisch geborene Junge mitsamt der Mutter, bevor sie kräftig genug ist, sich zu verteidigen. Wir wollen übrigens jetzt schlafen gehen. Aber bevor ich mich hinlege, will ich nachsehen, ob das Zebrafell auch ordentlich aufgespannt ist.«

In dieser Nacht war keine Hyäne mehr zu hören; aber kurz vor der Morgendämmerung hörte ich Kratzgeräusche, und der Geruch von feuchter Erde stieg mir in die Nase. Im Halbschlaf dachte ich an ein Erdferkel.

Etwas später wurde ich durch lautes Schimpfen geweckt; das Zebrafell war verschwunden! Und unter meinem Feldbett hatte jemand ein tiefes Loch gegraben! Bill und der Oberst suchten den Boden nach Fußspuren ab.

Mboga kam herein, und als er an der Stelle, an der bis vorhin mein Feldbett gestanden hatte, das Loch sah, bekam er einen gewaltigen Schrecken.

»Buana, das Geld für mein Leopardenfell ist gestohlen! Ich hatte geglaubt, unter deinem Bett sei es besonders sicher, und hatte es dort vergraben.«

Der Oberst ließ sich auf ein Knie nieder. »Sehen Sie diese Fußspuren! Auch hier fehlt an einem Fuß ein Zeh! Der Spitzbube Simba ist wieder am Werk. Sein Name bedeutet zwar ›Löwe‹, aber er hat doch mehr von einer Hyäne an sich!«

Mboga bückte sich, besah sich die Spur und zuckte die Schultern. Beim Frühstück sagte der Oberst: »Mboga nimmt es ja sehr gefasst auf.«

»Ja, das tut er allerdings; ich glaubte sogar zuerst, er würde seinen Freund Simba verteidigen. Und auch mir fällt es schwer zu glauben, dass Simba, den ich bisher nur von der besten Seite kennengelernt habe, ein Dieb ist. Aber die Spuren sprechen ja nun eine deutliche Sprache.«

»Ja, man kann sie nicht wegreden.«

Bill gab dem Gespräch eine andere Richtung. »Mboga hat eine sinnvolle Musterfalle gebaut; er will sie zunächst einmal an einem kleinen Tier erproben, bevor er sich mit der richtigen an die Hyäne wagt, und ich möchte das filmen. Wir wollen gleich anfangen, und zwar drüben bei dem Dorngesträuch.«

Ich gab das Mboga in seiner Sprache zu verstehen, und alsbald hatte er einen Sack, dessen Nähte er aufgetrennt hatte, auf dem Boden ausgebreitet. An den vier Ecken, und in gleichen Abständen zwischen ihnen, wurde am Rand je ein Stück starken Bindfadens befestigt. Sie wurden in der Mitte zusammengeknotet und an ein Seil gebunden, das über einen Ast geworfen und dessen Ende fest um einen Stein geschlungen wurde, der mit einem Bindfaden an dem Ast aufgehängt war. Wurde dieser Faden durchgeschnitten, fiel der Stein herunter, und durch sein Gewicht zog das über den Ast gelegte Seil die Falle zu.

Bill hielt alle Vorbereitungen im Film fest. »Sag mal, ›Spinat‹, es wäre schön, wenn wir irgendein Tier hätten, das in die Falle geht.«

Mboga begriff, was Bailey meinte, fasste grinsend in die Tasche und holte ein Chamäleon heraus. Es lief, seine Farben ständig wechselnd, durch das Gras, und es dauerte nicht lange, da war es mitten auf dem Sacktuch. Mboga zerschnitt den Faden, der Stein fiel, und die Falle mit dem grotesk zappelnden Chamäleon zog sich zu und wurde hochgerissen.

»Prächtig!«, lobte Bill. »Und jetzt auf zum Hyänenfang!«

Mboga verschwand und kam nach kurzer Zeit mit dem Bein eines Zebras und einer Dose zurück, die entsetzlich stinkende Innereien enthielt – Köder für seine Hyänenfalle.

»Die Hyänen kommen erst spätnachmittags. Wir müssen eine Stelle wählen, an der wir dann noch gutes Licht haben«, sagte der Oberst, der dann alles Weitere mit Bill besprach.

Es wurde der flache Hang ausgewählt, der, nach Westen abfallend, direkt von unserem Lager hinunterführte. Er war mit zwanzig Meter hohen Dornbäumen bestanden, zwischen denen auch junge Schösslinge wuchsen; auf dem Boden sprossen Büschel von hohem Gras.

Kali baute aus Zweigen eine Tarnwand, hinter der wir das Gelingen des Unternehmens abwarten und beobachten wollten.

Mboga bereitete alles sehr gründlich vor; er untersuchte noch einmal seine große Falle, die diesmal aus einem starken, runden Netz von drei Metern Durchmesser bestand, und brachte die Stricke sorgfältig an. Dann bestreute er alles mit trockenem Gras.

»*Yoh*«, lachte er, »was machen mir Fallen Freude!«

Der Stein war so schwer, dass er und Kali sich gewaltig anstrengen mussten, um ihn hochzuheben und aufzuhängen. Als er den widerlich riechenden Köder schon jetzt auslegen wollte, hielt Bill ihn zurück.

»Noch nicht, ›Spinat‹. Warte bis zur letzten Minute. Meine Nase hat sonst wenig Freude hinter der Tarnwand.«

»Hör, Mboga«, sagte ich, als ich mit ihm kurz allein

war, »du hast dich heute Morgen in der Sache mit dem gestohlenen Geld sehr nett benommen.«

Da lächelte er. »Buana, im Augenblick denkt mein Kopf nur an die Falle!«

Es kam mir vor, als läge ein zweideutiger Unterton in seiner Stimme, ich konnte aber in seinem Gesicht nichts Besonderes entdecken; es war das des unbekümmerten, gutmütigen und humorvollen Mboga.

»*Hongo*«, sagte er, »hör, Buana, der Lastwagen kommt, ich höre ihn schon von Weitem.«

Nach wenigen Minuten tauchte das erwartete Fahrzeug zwischen den Stämmen auf. Wir gingen ihm entgegen, und der Oberst begrüßte den Fahrer, der sogleich heraussprang.

»Guten Tag, Suliman. Was hast du uns mitgebracht?«

»Einen Sack Post, außerdem Obst und Gemüse und Dosen mit Lebensmitteln, wie bestellt.«

»Ich danke dir; ich habe übrigens ein bisschen Fleisch für dich geschossen.«

»Da danke ich Ihnen aber sehr. Ich muss noch eine kleine Reparatur an meinem Wagen vornehmen, und dann möchte ich mit Ihrer Erlaubnis noch vor Sonnenuntergang weiter.«

»Wir veranstalten heute Nachmittag eine kleine Hyänenjagd. Ich weiß nicht, Suliman, ob du dich für diese Tiere interessierst?«

Der Inder lächelte. »Es würde mir große Freude machen, dabei zu sein. Ich finde übrigens, dass Hyänen keine besonders schönen Tiere sind.«

Bill grinste. »Da hat er vollkommen recht.«

»*Saa kenda* – die neunte Stunde«, mahnte Mboga, »es ist Zeit, die Falle fertig zu machen.«

Bill hatte inzwischen seine Kameras für den großen Augenblick vorbereitet. Alle drei waren mit einem Film bestückt und standen so auf ihren Stativen, dass sie das ganze mit Spannung erwartete Ereignis aufnehmen konnten.

Kali streute die stinkenden Eingeweide auf das Netz und leerte den Rest der Dose über dem Zebrabein aus, das er als Hauptköder in die Mitte gelegt hatte.

»Komm jetzt ins Versteck!«, befahl Bill ihm.

Ich hatte mein Tonbandgerät mit, um sämtliche Geräusche aufzunehmen, und legte das Mikrofon an der günstigsten Stelle aus.

Dann begann das Warten hinter der Tarnwand, und es kam uns entsetzlich lange vor. Die Fliegen belästigten uns mit unglaublicher Hartnäckigkeit, und selten haben sich so viele Ohrwürmer an mich herangemacht.

Ich musste an Simba denken. Alle Anzeichen sprachen gegen ihn, aber ich konnte mir nicht vorstellen, dass er Mboga bestehlen könnte. So etwas passte einfach nicht zu ihm.

Dann dachte ich an das scheue Zwinkern in Mbogas Augen und den eigenartigen Ton seiner Stimme, als er von seiner Liebe zu den Fallen sprach. Es musste wohl irgendetwas im Spiel sein, was ich noch nicht begriff.

Durch die Baumkronen sah ich in großer Höhe

Geier kreisen. Die Schatten wurden schon länger, und Bill beschäftigte sich eingehend mit seinem Belichtungsmesser.

Plötzlich strafften sich Kalis Züge. Er wies mit dem Kinn nach Norden, und Mbogas Gesicht verzog sich zu einem breiten, zufriedenen Grinsen. An den Bäumen über uns hingen leere Fruchtschoten, und wenn der Wind durch die Kronen wehte, begannen sie zu surren, und das war ein ausgezeichnetes Tarngeräusch für die Kameras.

Mit dem Teleobjektiv filmte Bill jeden Schritt der sich langsam nähernden Hyäne. Einen Augenblick blieb sie unentschlossen stehen, blickte zu den Geiern auf und stapfte dann geradewegs auf den Fleischköder zu. Aus ihrem gierigen Maul sahen wir Speichel fließen. Die zweite Kamera begann zu arbeiten, übertönt vom Säuseln des Windes in den Fruchtschoten.

Der Oberst hob den Finger, und Mbogas Messer schwirrte durch die Luft. Das Tonband nahm zwei fast gleichzeitig zu hörende Geräusche auf: das Aufschlagen des schweren Steins auf dem Boden und den entsetzten Schrei der Hyäne, die, im Netz gefangen, plötzlich in die Luft gerissen wurde. Sie zappelte wie wild, laut schreiend und bellend. Ihre Beine hingen durch die Maschen des Netzes und zappelten hilflos in der Luft.

Jetzt kam die Reaktion auf unsere erzwungene lange Stille. Alles redete und lachte durcheinander, und Bill rief ununterbrochen: »Liebe Leute! Liebe Leute!«

»Schauen Sie mal da drüben, Doktor«, hörte ich Johnsons Stimme hinter mir, »der dicht belaubte Baum – sehen Sie?«

Bill hatte die Worte aufgefangen und schwenkte die Kamera mit dem aufgesetzten Teleobjektiv herum. Die Sonne beleuchtete das tiefe Grün, und als die Blätter sich im Wind bewegten, konnten wir undeutlich eine Gestalt erkennen, die sich dicht an den dunklen Stamm geschmiegt hatte.

»Was will der Junge dort«, flüsterte Bill, »und wer ist es überhaupt?«

Aus der Höhe des Baumes herab erscholl das warnende Gebell eines Affen.

»Nehmen Sie doch einmal das Fernglas, Oberst; es ist …«

Der Jäger zog die Luft scharf durch die Zähne. »Er bleibt auf dem Ast stehen. Jetzt greift er in ein Loch im Stamm und zieht etwas heraus, einen grauen Drillichsack.«

Wieder kam das warnende Bellen des Affen. Die Hyäne in ihrer Falle begann laut zu winseln.

»Simba holt sein Diebesgut aus dem Versteck! Will es wohl in Sulimans Wagen verstauen und rechnet damit, dass das Abenteuer mit der Hyäne uns ablenkt.« Es lag ein verächtlicher, frostiger Ton in Oberst Johnsons Stimme.

Der Kletterer, der nur einen Lendenschurz trug, war im Blätterwerk kaum noch zu sehen. Doch als er auf einmal wieder deutlich sichtbar wurde, sagte Bill, und er war offensichtlich sehr bestürzt: »Es ist überhaupt nicht Simba, es ist mein Ibrahim! Dieser Gauner! Und ich habe ihm blind vertraut!«

»So, der hat also unser Geld gestohlen!«, brummte der Oberst. »Man müsste ihm eine Lektion erteilen, an die er sein Leben lang denkt. Und wir haben immer den Simba verdächtigt!«

Er verfolgte aufmerksam jede Bewegung durch das Glas. »Mach weiter Lärm, Kali; er soll nicht merken, dass wir ihn gesehen haben!«

In den Baumkronen über uns setzte plötzlich lautes Gackern der Wachteln ein, und im Augenblick war die ganze Umgegend erfüllt von mannigfaltigem aufgeregtem Tierlärmen.

Kali sprang auf. »Buana, da ist noch etwas anderes auf dem Baum!« Er drückte dem Oberst ein Gewehr in die Hand.

»Ein Leopard!«, stellte der Jäger fest und reichte mir das Glas. Ich setzte es an und sah Ibrahim fast handgreiflich nahe. Seine Augen waren schreckensweit aufgerissen, und mit den Fingern krallte er sich am Stamm fest.

Das dunkel gefleckte gelbe Fell des Leoparden stach deutlich gegen das grüne Blattwerk ab. Die Raubtieraugen starr auf sein Opfer gerichtet, bewegte sich die Bestie mit entblößten Zähnen unheimlich langsam den Ast entlang auf ihr Opfer zu.

»Von hier aus habe ich kein Schussfeld; ich muss weiter nach vorn. Bleiben Sie dicht hinter mir!«

Auch beim Vorwärtsgehen surrte Bills Kamera ununterbrochen.

Der Entschluss

Vom Lager herunter kam, den Speer in der Hand und laut schreiend, um den Leoparden abzulenken, ein breitschultriger Afrikaner gelaufen.

»Es ist Simba!«, jubelte Mboga.

Wir gingen etwa zwanzig Meter näher heran. Der Leopard bot noch immer kein sicheres Ziel, aber der Jäger ging in Anschlag.

Als nun der Leopard zum Sprung ansetzte, krachte der Schuss. Mensch und Tier stürzten durch das Geäst zur Erde.

Dem dumpfen Aufschlag der beiden Körper auf dem Waldboden folgte das bösartige Fauchen des Leoparden und gleich darauf ein gellender Schrei. Dann waren nur noch die Stimmen des Waldes zu hören.

Wir stürzten vorwärts, über Wurzeln und Steine stolpernd. Und dann bot sich unseren Augen und Bills Kamera in den Strahlen der untergehenden Sonne ein grausiges Bild.

Simba stand über den zuckenden Körper Ibrahims gebeugt, in der Hand seinen blutbefleckten Speer. Unmittelbar daneben lag der Leopard mit durchschossener Kehle und einer klaffenden Wunde in der linken Flanke.

»Gut gemacht, Simba!«, sagte der Oberst, als er das tote Raubtier näher in Augenschein nahm. »Mein

Schuss saß zu tief. Er war zwar tödlich, aber bis dahin hätte die Bestie den Ibrahim und vielleicht auch noch einen von uns getötet. Ein Amok laufender Leopard ist eine unheimliche Gefahr.«

Ich kniete neben Ibrahim nieder. Sein Puls ging sehr schwach.

»Wie steht's mit ihm, Doktor?«

»Sehr schlecht. Das schwere Tier muss auf ihn gefallen sein. Einige Rippen sind gebrochen, und auch die Lunge hat etwas abbekommen. Außerdem hat er schwere Reiß- und Bisswunden. – Mboga, lauf zum Lager hinauf und hol eine ausgehängte Tür; wir brauchen sie als Bahre.« Um die Schmerzen zu lindern, gab ich dem Verletzten Morphium. Als Arterienpressen gegen zu starken Blutverlust benutzte ich Taschentücher. Er stöhnte und versuchte zu sprechen.

Bald kam Mboga mit der Tür; wir betteten ihn vorsichtig darauf und trugen ihn den Hügel hinauf zur Hütte.

»Simba, den Primuskocher; wir brauchen kochendes Wasser! Mboga, die Instrumente aus dem Wagen! Die Lampe, Oberst!«

Ibrahims Arme, Schultern und Brust waren von den Tatzen des Raubtiers aufgerissen; hinzu kamen sechs eingedrückte Rippen und ein angebrochenes Rückgrat.

In Säcke eingepackte heiße Steine wurden als provisorische Wärmflaschen benutzt. Es bestand zunächst die Gefahr eines Schocks, und wenn wir ihn verhindern konnten, drohte eine Infektion.

Als wir das Blut gestillt, die Wunden verbunden,

die Brüche geschient und bandagiert hatten, fragte Mboga: »Und was könnten wir jetzt noch tun?«

»Vielleicht rettet ihn eine Bluttransfusion.«

»Buana, nimm Blut von mir!«

Der Oberst sah ihn erstaunt an. »Aber er hat dir doch dein Geld gestohlen!«

»Buana Johnson, Jesus hat noch viel mehr für mich getan. Er gab sein Leben, nicht nur ein bisschen Blut, und ich habe an Gott Schlimmeres getan als Ibrahim an mir.«

Mit Staunen in den Augen sah Bill auf den jungen Afrikaner.

Ich packte gerade die sterilisierten Blutkonserven aus, als Simba sagte: »Buana, sieh ihn dir an!«

Mit dem Stethoskop nahm ich nur noch ganz schwache Herztöne auf. Sie wurden unregelmäßig, stockten und setzten dann ganz aus.

Simba sah mich fragend an. Ich verstand seinen Blick.

»Es ist zu spät, er ist tot.«

Der Oberst erhob sich und ging schweigend fort. Bill saß da und hatte das Kinn in eine Hand gestützt.

»Das ist furchtbar. Ein Menschenleben für ein Säckchen Geld!«

»So etwas ist auch früher schon geschehen, Bill. Denken Sie an Judas Iskariot; der verriet den Sohn Gottes für einige Silberstücke.«

»Aber der Tod ist doch eine schreckliche Strafe für eine solche Sünde!«

»Es gibt Sündenvergebung, Bill.«

»Aber wie können Sie das wissen?«

Ich zog das Neue Testament aus der Tasche und schlug es auf. »Hören Sie: Wenn wir sündigen, haben wir einen Fürsprecher beim Vater: Jesus Christus. Er ist die Sühne – der, der den Preis zahlte – für unsere Sünden, und nicht nur für die unseren, sondern für die der ganzen Menschheit.«

Er nickte bedächtig. »Vielleicht« – seine Stimme klang unsicher und rau – »vielleicht würde er das auch für mich tun, wenn ich ihn darum bäte?«

»Ganz bestimmt würde er das!«

Er schritt mit gesenktem Kopf in die Nacht hinaus. Ich legte mechanisch die Instrumente beiseite; da kam Simba zu mir.

»Buana, Kali und ich wollen ein Grab schaufeln. Suliman und sein Gehilfe Abdulla bitten um die Erlaubnis, ihn zu beerdigen, denn er ist ein Gefolgsmann des Propheten.«

Ich war einverstanden. Aber Simba ging noch nicht; er druckste herum, und dann fasste er sich ein Herz.

»Buana, es wäre gut, jetzt schnell eine Entscheidung zu treffen wegen Mzito. Ich war, seit ich von hier fort war, in dem Dorf und habe mit dem Massai verhandelt. Er war schließlich bereit, aber ich fürchte, er könnte wieder anderen Sinnes werden.«

»Heute Abend noch willst du sie holen?«

»Ja, noch heute Abend.«

Als wir von Ibrahims Beerdigung zurückkamen, trat Simba wieder zu uns.

»Buana Oberst, ich möchte dir etwas sagen.«

Der Engländer lächelte. »Bitte, Simba.«

»Wenn du es erlaubst, werden Kali, Mboga und ich sofort ins Dorf gehen.«

Er wies mit dem Kinn in die Dunkelheit hinaus. »Wir werden das Geld mitnehmen und das Mädchen mit der Geschwulst zwischen den Schultern zurückkaufen. Und das muss noch heute Abend geschehen.«

»Haben Sie verstanden, was er sagte, Bailey?«, fragte ihn der Oberst.

Bill schüttelte den Kopf. »Ich habe nicht zugehört. Ich denke daran, dass ich das ganze Drama kaltblütig gefilmt habe, und schäme mich etwas. Ich werde noch oft darüber nachdenken müssen.«

»Ich habe gerade mit Simba über eine Sache gesprochen, die nicht den Tod, sondern das Leben betrifft. Er will das Mädchen mit dem Tumor loskaufen, und zwar noch in dieser Nacht!«

»Es trifft sich übrigens sehr günstig«, sagte ich. »Suliman bleibt über Nacht hier; so kann sie morgen mit ihm zurückfahren. Simbas Frau Perisi ist als Krankenpflegerin ausgebildet, und sie kann sich ihrer annehmen und die nötigsten Verbände anlegen. Ich werde sie nämlich, sobald sie ankommt, operieren.«

»Was an Geld etwa noch fehlen sollte, zahle ich hinzu«, sagte Bill und stand auf.

Die Operation

Beim Schein der Laterne zählte Bill die Schilling-Scheine.

»Hier sind zweihundert für dein Leopardenfell, Mboga, und hier ist noch einmal die gleiche Summe für deine großartige Hyänenfalle.«

Mboga strahlte vor Glück. Kali kam mit zwei Längen hellen Kattuns hinzu, wie ihn die afrikanischen Frauen gern tragen. »Simba schenkt ihr dies; es wird ihr Mut machen.«

Kali setzte sich ans Steuer des Jeeps, und die anderen nahmen auf den Rücksitzen Platz.

»Guten Erfolg!«, rief ihnen der Oberst nach, als sie in die Dunkelheit hineinfuhren.

Bill brachte mehrere kleine Scheinwerfer an und filmte Tembo beim Abhäuten des Leoparden; dann setzte er sich zu uns ans Feuer.

Der Oberst brach als Erster das Schweigen. »Es tut mir herzlich leid, dass ich Simba Unrecht getan habe. Aber die Fußspuren mit dem fehlenden Zeh kann ich mir einfach nicht erklären.«

»Ich glaube aber, dass ich es kann. Mir war in der letzten Zeit schon mehrmals aufgefallen, dass jemand von meinem Klebepflaster genommen haben musste. Als ich nun vorhin auf Ibrahims linkem Fuß Reste des zähen Klebstoffs entdeckte, der beim Abreißen des Pflasters gern haften bleibt, war mir die

Sache klar. Er hatte es benutzt, um den dicken Zeh so zu heben, dass er den Boden nicht berührte; und es war ihm ja auch tatsächlich gelungen, auf Kosten des guten Simba jeden Verdacht von sich abzulenken.«

Dem Oberst leuchtete das ein. »Es gehört übrigens eine große Portion Mut dazu, einen Leoparden mit dem Speer anzugehen. Ich bin dem Mann eine Abbitte schuldig.«

»Und drüben im Dorf, Oberst, hat er ein schönes Stück Arbeit geleistet. Offen gesagt: Ich hätte jederzeit die Hände für ihn ins Feuer gelegt, auch als der Augenschein gegen ihn sprach. Von dem Augenblick an, in dem er merkte, dass man ihn verdächtigte, hielt er sich von uns fern, wie das Afrikaner so gut verstehen. Ich habe nicht darüber gesprochen, aber es war mir klar, dass auch er im Dorf war, als ich den von Ameisen gequälten Jungen behandelte. Es war ja schon alles so umsichtig und geschickt vorbereitet, dass Mboga nur noch wenige Handgriffe zu tun brauchte. Und er hat auch mit dem Massai wegen der Freilassung des Mädchens verhandelt. – Aber entschuldigen Sie mich jetzt. Ich muss schon alles für die Operation herrichten.«

Ich sterilisierte die Instrumente und spannte ein Moskitonetz aus, um die Insekten von meinem Arbeitsplatz fernzuhalten.

Schon bald leuchteten die Scheinwerfer des Jeeps aus dem Dunkel, und zuweilen ertönte die Hupe. Sie hatten anscheinend während der ganzen Rückfahrt gesungen und sangen noch, von Mbogas *ilimba* begleitet, als sie bei uns ankamen. Mboga zupfte ein paar Schlusstakte und sprang vom Wagen.

»Wir haben sie zurückgekauft und mitgebracht, Buana!«

Ich begrüßte sie in ihrer Landessprache. Mit ihrem hellen Tuch über Kopf und Schultern sah sie reizend aus.

»Mboga sagt, er habe dich mitgebracht, Mzito. Aber du hast nicht etwa nur den Besitzer gewechselt, du bist jetzt frei! Mboga hat das Geld gezahlt, ja, aber …«

»Buana, ich verstehe!«, sagte sie mit freudigem Lächeln. »Aber ich will ihm angehören!«

»Nur, weil er das Geld gegeben hat?«

Wieder lief ein Lächeln über ihr hübsches Gesicht. »Dafür gehört ihm mein Dank, Buana. Aber auch meine Liebe gehört ihm!«

Sie blickte Mboga an, der sehr feierlich dastand und nicht recht wusste, was er mit seinen Händen anfangen sollte.

Simba lächelte zufrieden, und Kali kicherte.

»Kommt, Leute, in die Hütte; ich will mich gleich mit dem Tumor beschäftigen!«

Jetzt lächelte Bill, zum ersten Mal an diesem Abend. »Doc, Sie sind ja ein richtiger Spielverderber. Das war doch eine so vielversprechende Situation!«

Dann gingen wir zur Hütte hinüber. In eine Ecke stellte ich die stärkste Lampe und brachte einen Spiegel als Reflektor hinter ihr an. Der ganze Raum wurde so hell beleuchtet wie möglich, und bald duftete er lieblich nach Krankenhaus.

»Simba, am besten setzt sich Mzito rücklings auf einen Stuhl, stützt die Arme auf die Lehne und legt den Kopf auf die Arme, so …«

Ich machte es ihr vor.

»*Eh-heh*, Buana.«

»Wir stellen die Instrumentenschale auf diese Kiste, und über beides, Schale und Kiste, kommt ein Moskitonetz.«

»*Heh*, Buana, wir können bei unserer Arbeit keine *dudus* brauchen.«

»Ganz richtig, Simba; und wenn deine Hände beschäftigt sind, können sie keine *dudus* fortjagen.«

Als die Instrumente genügend ausgekocht waren, legte Simba sie zurecht. In der Tür erschien Bill mit seiner ständig schussbereiten Kamera. »Doc, wie wär's mit einer Aufnahme ›vorher und nachher‹?«

Ich fragte Mzito, und sie nickte. Bill setzte sie zurecht, und das Blitzlicht flammte auf.

Draußen vor der Tür spielte Mboga auf seiner *ilimba*.

»Mboga, halt dich in Reichweite für den Fall, dass wir dich brauchen. Spiel aber ruhig weiter.«

»Ich mache Musik, Buana, so viel du haben willst!«

Das Mädchen nahm auf dem Stuhl Platz.

»Es wird gar nicht wehtun, Mzito.«

Ihre Finger glitten über einen tiefen Striemen im Gesicht. »Ich habe keine Angst vor Schmerzen, Buana«, sagte sie lächelnd.

»Zuerst habe ich hier eine Medizin, die ich einspritzen werde. Dann wirst du nur ein leichtes Prickeln und den Druck meiner Finger spüren, sonst gar nichts.«

»Gibst du mir keine Schlafmedizin, Buana?«

»*U-huh,* das ist nicht nötig.«

Ich wusch die Geschwulst vorsichtig mit dem Antiseptikum.

Sie hob den Kopf. »Buana, wollt ihr nicht mit Gott sprechen, bevor ihr anfangt?«

»*Eh-heh,* Mzito, das tun wir auch.«

Mboga fasste Bill am Arm und zog ihn in den Raum. »Wir wollen beten, Bill.«

Ich sprach ein Gebet in dem Dialekt, den das Mädchen verstand, und bat Gott um seine Hilfe bei der Operation.

Ich desinfizierte noch einmal den Tumor und seine Umgebung und umwickelte ihn locker mit einem Handtuch, das ich mit Sicherheitsnadeln zusammensteckte.

»Ist jetzt alles so, wie du es haben musst, Buana?«

»*Eh-heh,* genau, Mzito. Wir können jetzt anfangen. Halte die Arme ganz bequem und lege den Kopf darauf. Fertig. Jetzt wirst du einen leichten Stich spüren.«

Sie zuckte ein bisschen.

»Noch einmal.«

Diesmal blieb sie ruhig.

Und noch ein letztes Mal.

»*Yoh,* Buana, das tut aber nur ganz wenig weh; nicht mehr, als wenn man sich an einem Dorn sticht.«

Simba kicherte. »Wir machen es etwas anders, Mzito, als die Medizinmänner!«

Ich kniff sie kräftig mit einer Klammer. »Spürst du etwas?«

Sie schüttelte den Kopf. »Du hast mich mit dem Finger berührt, Buana.«

Simba grinste.

»Halt das Ding bitte fest, Simba, wenn ich es wegschneide.«

Er nickte und hielt seine beiden großen Hände unter den Tumor.

Mzito sagte langsam: »Ich kann jetzt nicht einmal mehr sein Gewicht spüren.«

»*Eh-heh*, das trägt Simba jetzt für dich!«

Die Nachtluft trug die Klänge von Mbogas *ilimba* herein, und das Mädchen summte die Melodie mit, während die leise schnippende Schere ihr Werk verrichtete.

»Buana, es ist weg; ich habe gefühlt, wie es abfiel!«

»*Eh-heh*, es ist tatsächlich weg. Und jetzt müssen wir die Wunde so vernähen, dass keiner mehr ahnt, dass du einmal eine solche Last getragen hast.«

Simba reichte mir mit einer Pinzette eine lange, gebogene Nadel, in die ein weißer Baumwollfaden eingezogen war. Bevor ich einstach, spannte ich die Haut sorgfältig zusammen. Mboga sah mir durch das Moskitonetz genau zu.

»*Heh*, Buana, für einen Mann nähst du wirklich gut!«

Mzito kicherte.

»Wenn ich fertig bin, kannst du nur noch einen feinen Strich sehen und hältst es nicht für möglich, dass da mal ein solches Ding gesessen hat.«

Mboga murmelte ein paar Worte, die ich nicht

verstand; Simba schien sie aber gehört zu haben, denn er schob mit dem Fuß einen mittelgroßen Eimer vor ihn. Er enthielt die widerliche Masse, die ich wegoperiert hatte, und sie füllte ihn gut zur Hälfte aus. Mboga wog den Eimer an der Tür mit der Federwaage.

»Fast dreizehn Pfund, Buana.«

Ich wollte gerade einen Verband anlegen, als Mboga mit zwei Spiegeln ankam und fragte: »Möchte Mzito nicht gern das Ergebnis deiner Arbeit sehen, Buana?«

»*Eh-heh*, das möchte ich sehr gerne!«

Das Moskitonetz wurde hochgehoben, und schon ging auch Bill in Stellung. Mzito sah in den einen Spiegel und gab Mboga Anweisungen, wie er den anderen halten sollte. »Noch ein bisschen höher, so, halt!«

Da zeigte ihr Gesicht auf einmal den Ausdruck höchsten Erstaunens, und die Augen traten fast aus ihren Höhlen.

»*Hongo*, Buana, es ist weg! Es ist wirklich weg!«

Bills Blitzlicht flammte auf. »Oh, was für ein Bild, was für ein Ausdruck! Oh, liebe Leute!«

Mzito sah schaudernd zur Tür auf das hässliche Ding im Eimer.

»Oh, Buana, vergrabe es tief, ganz tief!«

»*Hongo*«, lachte Mboga, während ich den letzten Verband anlegte, »das mach ich selbst!«

»Jetzt habe ich noch ein Letztes zu tun, Mzito.«

Ich gab ihr eine Morphiumspritze.

»So, jetzt legst du dich drüben aufs Bett und schläfst.«

Am Pelikansee

Am nächsten Morgen begrüßte mich der Oberst beim Frühstück. »Nun, Doktor, wie geht's Ihrer Patientin?«

»Ausgezeichnet; sie wird in einer Stunde mit Suliman zurückfahren. Sie fühlt sich recht wohl und ist unsagbar glücklich.«

»Ja«, sagte Bill, »und ihr Gesichtsausdruck, als sie sich in den beiden Spiegeln anschaute! Ich war so gespannt auf meine Aufnahme, dass ich schon ein paar Abzüge gemacht habe.«

Er griff in die Tasche und zog sie heraus. Es waren wirklich gute Bilder.

»Die sind für sie; aber sie soll noch bessere bekommen. Ich werde ihr später ein paar Vergrößerungen schicken.«

Dann zog er eine Liste aus der Tasche. »So, jetzt habe ich fast alles gefilmt, was ich mir vorgenommen hatte; nur die Vögel noch nicht. Und wie hatte ich mich auf diesen Pelikansee gefreut!«

»Seien Sie nicht allzu enttäuscht, Bill«, sagte der Oberst lächelnd.

»Wie könnte man es denn doch noch schaffen, Oberst?«

»Simba, den ich übrigens sehr unterschätzt habe, sagte mir, er habe einen Pfad dorthin entdeckt, sozusagen einen Notzugang zum See. Man müsste, um die

Bewohner abzulenken, irgendeine Schau im Dorf veranstalten.«

»*Jamba,* Buana!«, hörte ich kurz darauf eine Stimme. Vor mir stand ein junger Afrikaner, auf dem Kopf einen Hut mit roter Quaste und in der Hand einen Brief. Er war vom Häuptling M'falme und lautete:

»Ich begrüße dich. Uns im Dorf geht es gut. Wir hoffen, dass es auch dir gut geht. Die Kranken mit den Geschwüren würden sich freuen, wenn sie deine Medizin versuchen könnten.«

Ich unterrichtete die anderen, und besonders der Oberst zeigte sich sehr zufrieden. »Genau das, was wir brauchen!«

»Was halten Sie davon, Oberst, wenn wir ihnen die Böcke mitbrächten, die Sie gestern gejagt haben? Wir könnten dann nicht nur die Kranken behandeln, sondern das ganze Dorf zu einem Festschmaus mit Gesang und Tanz zusammenrufen.«

Bill strahlte. »Und während sie sich alle amüsieren, führt Simba den Oberst und mich dahin, wo die Pelikane ihre eigenen Tänze aufführen.«

»Ja, so habe ich mir's gedacht, Bill.«

Ich schrieb M'falme einen kurzen Brief und sagte dem Boten, Mboga und ich seien gegen Mittag im Dorf.

Er nickte, grüßte »*Kwaheri* – auf Wiedersehen« und verschwand.

»Wenn wir diese Safari unternehmen wollen, müssen wir sofort aufbrechen. Die beste Zeit ist zwar die Morgendämmerung, aber uns bleibt nichts anderes übrig als zu versuchen, auch so zurechtzukommen.«

Mittlerweile war es für Suliman Zeit geworden, die Rückfahrt anzutreten. Als wir hörten, dass er den Motor startete, gingen wir hinüber, um uns von ihm und Mzito zu verabschieden.

Ich gab ihr einen Zettel für Perisi, Simbas Frau, mit, die das Mädchen weiterbetreuen sollte.

»Wenn du die Einstichwunden im Rücken spürst, nimmst du jedes Mal zwei Tabletten.« Mit diesen Worten drückte ich ihr ein Röhrchen Aspirin in die Hand.

»Buana«, sagte sie und schlug die Augen nieder, »mein Herz ist voller Freude.«

»Das soll es auch sein. Wir werden uns wiedersehen, wenn wir von der Safari zum Krankenhaus zurückkehren. Bleibe bei Perisi und verlass ihr Haus nicht, damit nicht deine Verwandten …«

Sie sah mich an und lächelte. »Buana, ich werde diese Worte genau befolgen.«

Kurz nach dem Lastwagen fuhr der Jeep ab. Der Oberst saß am Steuer, neben ihm Bill mit seinen Kameras und auf den Rücksitzen Simba und Kali.

Ich bereitete mit Mbogas Hilfe die Instrumente und die übrigen Dinge vor, die wir im Dorf brauchen würden; vor allem versah ich mich reichlich mit Medikamenten. Im Laderaum des Wagens fand der große Fleischvorrat Platz, den wir für das große Fest mitnahmen, und in einer Ecke saß der alte Koch Tembo.

Wir hatten noch ungefähr zwei Kilometer zu fahren, als wir schon die Trommeln und die Lieder der Frauen mit ihren hellen Freudentrillern hörten. Eine ganze Horde kam uns entgegengelaufen und trabte auf unserem Weg ins Dorf neben dem Wagen her.

M'falme begrüßte uns fröhlich. »*Jamba,* Buana, wir freuen uns, dich zu sehen. Deine Medizin ist wirklich stark. Meine Schmerzen sind weg, und der Mann mit den Geschwüren – schau …«

Ein Mann hielt mir grinsend sein Bein hin; das Geschwür war um gut die Hälfte zurückgegangen.

Im Schatten eines Mangobaums kauerten ungefähr fünfzig Menschen. Als sie aufstanden, erhob sich mit ihnen ein summender Fliegenschwarm.

Der Häuptling wies mit dem Kinn zu ihnen hinüber. »Es sind noch viele mit Geschwüren gekommen, Buana.«

»*Hongo,* das ist gut; ich habe viel Medizin mitgebracht.«

»Buana, sag ihnen jetzt von dem Fleisch, das wir mitgebracht haben«, murmelte Mboga hinter mir.

»Großer Häuptling, ich habe auch etwas Fleisch bei mir. Vielleicht bringt es den Mägen deiner Leute hier im Dorf ein bisschen Freude.«

Hundert gierige Gesichter drängten näher. In den nächsten zehn Minuten war Tembo mit dem Verteilen des Fleisches vollauf beschäftigt, und bald kochte es über einem in einem langen Graben entzündeten Feuer in zahlreichen Töpfen.

Die *wazereru,* mit blauer und roter Farbe bemalte und mit Straußenfedern geschmückte Jungen, führten zu Ehren meiner Medikamente und Oberst Johnsons Treffsicherheit bei der Jagd auf essbares Wild einen temperamentvollen Tanz auf. Das ganze Dorf schien zur Stelle zu sein, allerdings mit einer bemerkenswerten Ausnahme: Der Medizinmann hielt sich fern, und Mboga hatte ihn nicht auffinden können.

»Buana, er hat keine Freude an dem, was heute hier gemacht wird. Er soll in seiner Hütte sitzen und Trübsal blasen. Seine Magenwände«, fuhr er breit grinsend fort, »werden nahe beieinander bleiben, denn er will an dem großen Festessen nicht teilnehmen.«

»Großer Häuptling«, fragte ich M'falme, »sollen wir die Kranken vor oder nach dem Essen behandeln?«

Er lächelte. »Buana, wenn sie vorher essen, werden sie Nadelstiche besser aushalten können.«

Es war fast drei Uhr, als das große Schmausen begann. Ununterbrochen wurden die Trommeln geschlagen, und es werden im Ganzen etwa tausend Menschen gewesen sein, die zusammenströmten.

Ich saß neben einem Unterhäuptling und aß tüchtig mit. Erst als die Schatten schon ziemlich lang wurden, konnte ich anfangen, mich um die Kranken zu kümmern. Ich stellte sie in einer langen Reihe auf und untersuchte einen nach dem anderen. Alle hatten die gleiche Krankheit. Penizillin würde die Geschwüre in wenigen Tagen erheblich zurückgehen lassen.

M'falme stand neben mir.

»Großer Mann, lass zwölf Schemel bringen.«

Er gab sofort die nötigen Befehle, und in kurzer Zeit waren sie da. Ich ließ sie nebeneinanderstellen und auf jedem einen Kranken Platz nehmen. Die einen hatten hässliche, schlangenförmige Geschwüre an Armen,

Beinen oder im Gesicht, andere tief eingefressene Wunden oder widerliche Geschwülste.

Wenn zwölf Personen untersucht waren, ließ ich sie ihre Schemel vor die Hütte des Häuptlings tragen und sich dort wieder hinsetzen. Dann füllte ich eine große Spritze Penizillin. Mboga kannte seine Rolle genau: Er forderte die Wartenden auf, auf ihren Schemeln so weit wie möglich nach hinten zu rutschen.

»Macht für den Buana den Teil eures Körpers bereit, wo die Gesäßtasche wäre, wenn ihr Hosen anhättet wie der Buana!«

Die zahlreichen Neugierigen, die nicht behandelt zu werden brauchten, fingen an zu grinsen, als Mboga jetzt mit einem jodgetränkten großen Wattebausch hinter den Sitzenden entlangging und die entsprechende Körperstelle, also unmittelbar hinter der Schemelkante, damit einrieb.

Dann wuschen wir uns beide sehr sorgfältig die Hände in heißem Wasser.

»Denk daran, Mboga, dass du nichts mit den Fingern anfasst – nur mit der Pinzette!«

Mit ihr nahm er dann auch vorsichtig die Injektionsnadeln eine nach der anderen aus der Schachtel, in der sie, mit der Spitze in einem Stück Stoff, aufgereiht standen. Mit elegantem Schwung brachte er sie an der desinfizierten Stelle so schnell und geschickt unter die Haut, dass kaum ein Schmerz verspürt wurde.

»Tüchtige Arbeit, Mboga!«, lobte ich ihn. Dann ging ich mit meiner großen Spritze entlang, passte sie in die jeweilige Nadel ein und injizierte Penizillin. Mboga, der mir unmittelbar folgte, zog die Nadel heraus und desinfizierte die Stelle, an der sie gesessen hatte.

Die Patienten bissen die Zähne zusammen, und manch einer sagte: »*Eeeeh*, es beißt!«

Viermal waren die Schemel besetzt, und es lief alles wie ein Uhrwerk ab. Als alle durch waren, sah ich, wie die jungen Leute einen neuen Tanz beginnen wollten, aber Mboga kam ihnen zuvor. Er klimperte auf der *ilimba* und stimmte mit lauter Stimme ein Lied an, worauf sich alles um ihn drängte.

Als alles gespannt lauschte, betete ich um Gottes Beistand bei meinem Versuch, diesen nicht nur körperlich, sondern auch seelisch kranken Menschen die frohe Botschaft von Jesus zu bringen.

Mein Gebet wurde auf unerwartete Weise erhört. Mboga hörte plötzlich auf zu singen.

»Schmerz bringt uns doch keine Freude, nicht wahr?«, fragte er laut. Es erhob sich lebhaftes Kopfnicken, und zustimmende Rufe waren zu hören. »Und doch warnt er uns vor einer Krankheit, die im Körper sitzt. Ich hatte hier einmal einen bösen Feind!« Er riss seinen großen Mund weit auf und zeigte mit dem Finger auf eine Lücke in seinem Gebiss. »*Yoh!* Was hatte ich da Schmerzen!« Er zog ein jämmerliches Gesicht. »Ich ging zum Buana, und er zog den Zahn aus, und siehe da! Es war ein *ipu* – eine Entzündung darunter. Als der Zahn heraus war, hörte der Schmerz auf!«

Er sah zum Häuptling hinüber, der diese Worte bestätigte. »Mbogas Worte sind wahr. *Eh-heh*, ist es mir neulich nicht ähnlich ergangen?« Dabei zeigte er den Stein, den seine Nieren ausgeschieden hatten.

»Ja, großer Häuptling«, sagte ich, »der Schmerz hat dich vor einer Krankheit gewarnt, die in deinem Körper steckte. Wenn aber dein Herz krank ist, fühlst du keinen Schmerz, sondern Angst. Es ist so: Angst ist der Schmerz, den das Herz verspürt, und die Sünde bringt sie hervor. Der Einzige, der diese Angst wegnehmen kann, ist Jesus, der Sohn Gottes. Hier sind die Worte, die er gesprochen hat!«

Ich zog eine Bibel aus der Tasche und hielt sie hoch. »Ist jemand hier, der lesen kann?«

Tadayo trat vor. »Ich kann lesen. Und wenn es dem Häuptling recht ist, will ich die Worte auch erklären.«

»Eeeeh!«, nickte M'falme. »Er kann uns die Worte vorlesen und erklären!«

»Das ist sehr klug von dir, großer Häuptling, denn in diesem Buch ist die Medizin für die Seele, so wie in der Spritze die Medizin für eure Körper war.«

Kurz vor Sonnenuntergang nahmen wir herzlichen Abschied von den Bewohnern, die wir alle zu Freunden gewonnen hatten.

Im Lager fand ich einen über alle Maßen begeisterten Bill vor. Er war eifrig damit beschäftigt, Filme in Dosen zu verpacken, die er versiegelte und mit Etiketten versah.

Später, am Lagerfeuer, nahm der Oberst mich beiseite. »Mit Bailey steht's nicht zum Besten. Jetzt ist er natürlich sehr aufgekratzt, aber ich glaube, morgen wird er die Flügel hängen lassen.«

Schlafkrankheit

Am nächsten Morgen saß Bill Bailey auf der Bettkante und hatte den Kopf in die Hand gestützt. Mboga brachte ihm eine Tasse Kaffee. Er nahm einen Schluck und gab sie ihm angewidert zurück.

»Doc, mein Mund ist heute dick belegt, und mein Kopf …«

»Ich glaube, Sie brauchen einige Vitaminpillen, Bill!«

»Möglich. Aber, lieber Doc, ich bin müde.«

Er ließ sich aufs Bett zurückfallen. Eine halbe Stunde später kam ich wieder zu ihm, um ihm eine Blutprobe zu entnehmen. Er saß am Tisch, hatte eine Fachzeitschrift für Fotografen vor sich liegen, starrte aber darüber hinweg ins Leere.

»Ihren kleinen Finger, Bill.«

Er hielt mir wortlos die Hand hin. Ich entnahm einen Blutstropfen und ging zum Mikroskop, das ich unter einem Dornbusch auf eine Kiste gestellt hatte. Oberst Johnson setzte sich schweigend neben mich.

Ich präparierte und färbte die beiden dünnen Glasplättchen, zwischen denen das Tröpfchen zur Größe eines Daumenabdrucks auseinanderlief, und brachte sie unter das Objektiv. »Trypanosomen, Oberst!«, sagte ich ruhig,

»Sind es viele?«

»Ja, es ist eine schwere Infektion.«

»Machen Sie sich Sorgen um ihn?«

»Das nicht gerade. Was normalerweise an Medikamenten erforderlich ist, habe ich bei mir, aber er ist allergisch gegen manche Stoffe, und ich fürchte, auch gegen Arsenik, das für eine Behandlung in erster Linie infrage käme. Das Einzige, was ich tun kann, ist, ihm eine winzige Probedosis zu geben. Geht's gut, ist alles in Ordnung, aber wenn nicht …«

»Ich verstehe; dann muss er wohl möglichst schnell in ein Krankenhaus.«

»Vorher muss er aber über seinen Zustand aufgeklärt werden.«

Ich ging zu meinem Patienten hinüber, der sich inzwischen ein feuchtes Handtuch um den Kopf gewickelt hatte.

»Doc, solche Kopfschmerzen wie ich hat noch kein Mensch gehabt!«, stöhnte er.

Ich legte meine Hand an seinen Hinterkopf, und siehe da, die Lymphdrüsen hinter den Ohren waren stark geschwollen.

Er sah mich an, und in seinen halb geschlossenen Augen lag eine Frage.

»Die Schlafkrankheit hat Sie erwischt, Bill.«

Seine Lippen spitzten sich zu einem leisen Pfiff. »Können Sie etwas dagegen tun, Doc?«

»Natürlich. Schauen Sie her!« Ich reichte ihm eine Ampulle mit einem unaussprechlichen chemischen Namen darauf. »Sie brauchen eine Spritze mit diesem Zeugs; es ist ein Arsenikpräparat.«

»Arsenik?« Er zog die Augenbrauen hoch und kniff

die Mundwinkel zu einem bitteren Lächeln zusammen. »Giftmordversuch an dem armen Kameramann, was?«

»Giftmordversuch schon; aber nicht an Ihnen, sondern an den *dudus*, und zwar mit einer winzigen Dosis, die ein Mensch normaler Konstitution ohne Weiteres verträgt.«

»Das lässt sich hören; aber bin ich ein Durchschnittspatient?«

»Eben das möchte ich herausfinden. Offen gesagt: Ich traue Ihnen nicht recht, Bill, mit Ihrer Überempfindlichkeit und Ihrer Neigung zu Heuschnupfen. Wenn Sie Käse gegessen haben, gehen Sie auf wie ein Ballon, nach eisenhaltigen Speisen oder Getränken bekommen Sie rote Pickel im Gesicht, und wenn Sie mit gewissen Grassorten in Berührung kommen, niesen Sie stundenlang. Wie werden Sie da wohl auf Arsenik reagieren? Das ist die große Frage.«

Bill zuckte die Schultern. »Wenn ich nun mal Arsenik brauche, dann los!«

Ich brachte ein winziges Tröpfchen aus der Ampulle in eine Kochsalzlösung und zog einige Kubikzentimeter in eine Spritze. Um ganz sicher zu gehen, füllte ich eine zweite aus einem Fläschchen mit der Aufschrift »Adrenalin«.

Ein seltsamer sechster Sinn in mir warnte mich, als ich nun Bills Arm mit der Handfläche nach oben auf dem Tisch zurechtlegte und die Ellenbeuge mit einem Wattebausch betupfte.

»Schließen Sie die Finger leicht zur Faust und öffnen Sie sie wieder.«

Ich stach mit der Nadel eine Vene an und spritzte ihm die Lösung ein.

Er sah lächelnd zu mir auf.

»Sehen Sie, Doc, es tut mir nichts, wirklich, gar nichts, es … oh – oh!«

Sein Blick schien plötzlich nach innen zu gehen. Dann sagte er dumpf: »Meine Zunge wird schwer, meine Lippen werden dick.«

Sein Gesicht rötete sich stark und fing an, sich aufzublähen, sodass die Augen ganz klein wurden. Die Lippen wurden dicker als die von Mboga, die Stimme wurde heiser; er begann, sich im Gesicht zu kratzen.

Die zweite Spritze, die ich sofort folgen ließ, enthielt das Dreifache der üblichen Dosis Adrenalin. Ich spritzte sie langsam ein und schickte eine Morphiuminjektion hinterher.

Der Großwildjäger, der draußen gestanden hatte, sah fragend herein.

»Es ist höchste Eile geboten, Oberst! Sein Körper kann das einzige Mittel gegen die Schlafkrankheit, das ich greifbar hatte, das überhaupt in ganz Ostafrika zur Verfügung steht, nicht vertragen.«

»Und was wäre jetzt zu tun?«

»Ins Krankenhaus, Nairobi oder noch besser New York. Wir können ein Flugzeug chartern, um ihn nach Nairobi zu fliegen. Dort erreichen wir die Maschine, die nachmittags …«

»Ich weiß. Ich werde sofort irgendwohin fahren, wo ich nach Arusha telegrafieren und das Flugzeug anfordern kann. Überlassen Sie die Sache mir.«

Er schwang sich in den Jeep und brauste ab, eine lange Staubwolke auf seinem Weg nach Norden zurücklassend.

Mboga fächelte dem Kranken, der still auf seinem Bett lag, mit einem feuchten Handtuch frische Luft zu. Die Schwellung im Gesicht war langsam abgeklungen; er bewegte die Lippen ein wenig, und ich verstand das Wort »Wasser«.

Als er ein bisschen genippt hatte, fragte er mit heiserer Stimme: »Was haben Sie vor, Doc?«

»Wir können nur eines machen, Bill. Sie müssen in ein Krankenhaus.«

»Ist es sehr eilig? Kommt es auf jede Stunde an?«

»Nein, so schlimm ist es nicht, aber je früher Sie behandelt werden, umso besser.«

Er nickte geduldig.

»Doc, wenn ich schon in ein Krankenhaus soll, dann auch in New York.«

»Das haben wir uns auch gesagt.«

Er nippte noch einmal ein bisschen Wasser, und seine Stimme klang jetzt schon etwas weniger rau. Er legte sich aufs Kissen zurück. »Was mir nur immer durch den Kopf geht, ist der schreckliche Gedanke, dass es hier in Tanganjika Tausende von Kranken gibt, die nicht einfach in ein Krankenhaus gehen können, wo ihnen geholfen wird.«

Er schien jetzt in Schlaf zu fallen. Ich ging auf den Zehenspitzen hinaus, um einem bekannten amerikanischen Spezialisten für Tropenkrankheiten ein paar Worte zu schreiben. Im Hinausgehen hörte ich noch, wie er zu Mboga sagte: »Wedele weiter mit dem Handtuch, ›Spinat‹.«

Als ich zurückkam, flüsterte Mboga: »Er schläft, Buana.«

Am frühen Nachmittag kam Kali aufgeregt zu mir gelaufen. »Schau mal, da drüben, Buana!«

In der Ferne kündigte ein sich langsam weiterbewegender Staubstreifen die Rückkehr des Jeeps an. Ich ging ihm entgegen, und bald hielt er neben mir. Der Oberst stieg aus.

»Alles klar, Doktor. Morgen in aller Frühe kommt ein Sportflugzeug. Wir packen am besten schon jetzt sein ganzes Gerät zusammen. Wie geht es ihm?«

»Im Augenblick schläft er. Den Umständen entsprechend geht es ihm gut.«

Es wurde schon dunkel, als wir mit allem fertig waren. Mboga zündete das Lagerfeuer an, und Tembo bereitete ein Abendessen zu.

Aus Bills Zelt drang das Knarren seines Feldbetts, und ich ging hinein. Er saß gähnend im Bett und sah wieder einigermaßen normal aus.

»Na, Doc, ist schon Essenszeit?« Er schnupperte in der Luft. Dann stand er auf und aß etwas von einem Gazellensteak.

»Wie wäre es jetzt mit einer Partie Schach, Doc?«

Im Schein einer Sturmlaterne baute ich das Spiel auf. Das Lagerfeuer flackerte lustig und ließ von Zeit zu Zeit die Kronen der hohen Bäume aus der Dunkelheit auftauchen, und über ihnen leuchteten die hellen Sterne.

Während wir spielten, saßen die Afrikaner etwas im Hintergrund und sangen.

Bill nahm mir gerade einen Turm weg und lachte. In der Ferne trompetete ein Elefant, die Grillen zirpten, und schwach war das Dröhnen entfernter Trommeln zu hören.

Simba und Mboga saßen mit gesenkten Köpfen auf dem Trittbrett des Dreitonners. Bill sah zu ihnen hinüber.

»Was machen die beiden da wohl, Doc?«

»Sie beten, Bill – für Mzito, Perisi und das Krankenhaus, auch für Sie und mich.«

Er drehte nachdenklich einen Bauern zwischen den Fingern.

»Haben Sie sich schon einmal so gefühlt, als wenn es mit Ihnen zu Ende ginge, Doc?«

»Schon zweimal, Bill. Das ist ein unbehagliches Gefühl, nicht wahr?«

Er zuckte plötzlich zusammen. »Unsere Münzen in den USA tragen die Inschrift ›Wir vertrauen auf Gott‹. Bis heute waren das für mich nur leere Worte.«

Das Spiel wandte sich unversehens zu meinen Gunsten, und fröhlich lachend nahm ich ihm die Dame weg. Er merkte es gar nicht, er starrte in die Ferne.

»Was halten Sie jetzt von einer Tasse Kaffee, Bill? Sie müssen auch bald schlafen gehen, denn morgen ist ein langer Tag für Sie.«

»Eine Tasse Kaffee wäre gut!«

Als ich sie ihm eingegossen hatte, drückte ich ihm

eine Pille in die Hand. Er nickte und schluckte sie hinunter.

Ein vielstimmiges Vogelkonzert kündigte den kommenden Morgen an. Als wir Bills Gepäck vorsichtig zu dem flachen Grasstreifen trugen, auf dem das Flugzeug landen würde, wehte uns eine kühle Brise entgegen.

Wir markierten die Landebahn mit Schildern und gingen dann alle sechs nebeneinander den Streifen ab, um Stöcke, Steine und Dorngestrüpp beiseitezuräumen.

Während wir beim Frühstück saßen, wies Simba mit dem Kinn nach Nordwesten, wo das Flugzeug als kleiner dunkler Punkt sichtbar wurde. Es kam schnell näher und schwebte zur Landung ein.

Wir gingen sofort alle zum Landeplatz hinunter. Der Pilot kam uns entgegen, und es gab allgemeines Händeschütteln.

»Wo ist der Kranke?«, fragte er.

»Der bin ich, mein Lieber!«, sagte Bill stolz.

Der Flieger machte ein höchst erstauntes Gesicht, »So sehr krank sehen Sie aber nicht aus!«

»Das soll auch so bleiben, hoffe ich!«, erwiderte Bill.

Er überwachte das Verladen seines gesamten wertvollen Materials, und dann wandte er sich uns zu.

»Oberst, das war eine wunderbare Safari.«

Ich übergab ihm einen Brief. »Sobald Sie in New York ankommen, rufen Sie bitte diesen Arzt an, geben ihm das Schreiben und lassen ihn sofort mit der

Behandlung beginnen. Und geben Sie uns so bald wie möglich Nachricht, wie es mit Ihnen weitergeht.«

»Wird gemacht, Doc!«

Er ergriff meine Hand. »Es ist doch gut, Doc, dass ich diese Reise gemacht habe. Ich danke Ihnen für all Ihre Hilfe und besonders dafür, dass Sie mein Herz für das wertvollste aller Arzneimittel geöffnet haben.«

Bei diesen Worten schob er mit dem Daumen seiner linken Hand mein Neues Testament hoch, das jetzt in der Brusttasche seines Tropenhemds steckte. »Ich werde nichts von dem vergessen, was ich auf dieser Safari gelernt habe!«

Er stieg ins Flugzeug und winkte »*Kwaheri* – auf Wiedersehen!«

Der Propeller wurde angeworfen, das Flugzeug rollte an, und nach wenigen Metern hob es sich in die Luft und entschwand in der Richtung, aus der es gekommen war.

Wir machten uns daran, das Lager abzubrechen. Als wir alles aufgeladen hatten, kam der Oberst zu mir.

»Doktor, ich fahre jetzt weiter nach Arusha. Würde es Ihnen etwas ausmachen, den Dreitonner nach Dodoma zurückfahren zu lassen?«

»Selbstverständlich nehme ich ihn mit, Oberst. – Es war eine gute und erfolgreiche Safari. Sie hat mir viel Freude gemacht – abgesehen von einigen Augenblicken, an die ich mich nicht gern erinnere: wie ein zu Tode erschrockener Mann entsetzt in die kalten Augen eines Raubtiers starrte, und wie ich die Anzeichen der Schlafkrankheit in Baileys Blut feststellen musste.«

Der Oberst schien ähnliche Gedanken zu hegen. Er ergriff meine Hand und übergab mir einen Briefumschlag.

»Er enthält einen Scheck, der für Ihr Krankenhaus eine Hilfe sein wird.«

Ich dankte ihm herzlich, und wir sagten uns noch einmal Lebewohl.

Einen Monat später erreichte ich nach einem glücklichen und sehr nutzbringenden Aufenthalt in dem im Großwildrevier gelegenen Krankenhaus wieder unser großes Urwaldkrankenhaus. Dort nahm ich sofort mit einer wohltuenden Vorahnung eines guten ärztlichen Erfolgs den letzten Verband von Mzitos Rücken, und Mboga sah gespannt zu. Die Wunde war vollständig verheilt, und es war nur noch eine schmale Narbe zurückgeblieben.

Und dann wurden ohne weitere Umschweife die Hochzeitsfeierlichkeiten besprochen!

Von draußen fragte jemand: »*Hodi,* darf ich eintreten?«

»*Karibu* – Komm herein.«

»Buana, *simu* – Telegramm.«

Ich riss den Umschlag auf. Die Worte auf dem gelben Blatt lauteten:

»DUDUS IM ABSTERBEN STOP SIEG ÜBER TSE UND TRYPANOSOMEN JETZT SICHER STOP SAGT MZITO AUCH MEINE LAST FÜR IMMER WEG STOP SPINAT IST ERSTKLASSIGES

GEMÜSE STOP HOCHZEITSFEIER BEZAHLT FRAU BAILEYS EINZIGER SOHN STOP HABEN WIRKLICH GUTES WILD GEJAGT.«